Joseph von Eichendorff

rowohlts monographien
begründet von Kurt Kusenberg
herausgegeben von Wolfgang Müller
und Uwe Naumann

ro
ro
ro

Joseph von Eichendorff

Dargestellt von Hermann Korte

Rowohlt Taschenbuch Verlag

Umschlagvorderseite: Joseph von Eichendorff.
Lithographie von Franz Kugler, vermutl. um 1832
Umschlagrückseite: Niederschrift des 1835
entstandenen Gedichtes «Wünschelrute»
aus dem letzten Lebensjahr
Schloss Lubowitz. Aquarell von Karl Straub, 1790

Seite 3: Joseph von Eichendorff. Farbiges Wachsrelief,
um 1800

Originalausgabe
Veröffentlicht im Rowohlt Taschenbuch Verlag GmbH,
Reinbek bei Hamburg, Dezember 2000
Copyright © 2000 by Rowohlt Taschenbuch Verlag GmbH,
Reinbek bei Hamburg
Alle Rechte an dieser Ausgabe vorbehalten
Dieser Band ersetzt die 1963 erschienene
Eichendorff-Monographie von Paul Stöcklein
Umschlaggestaltung Ivar Bläsi
Redaktionsassistenz Karolin Marhencke
Reihentypografie Daniel Sauthoff
Layout Gabriele Boekholt
Satz PE Proforma *und* Foundry Sans *PostScript, QuarkXPress 4.1*
Gesamtherstellung Clausen & Bosse, Leck
Printed in Germany
ISBN *3 499 50568 1*

Die Schreibweise entspricht den Regeln
der neuen Rechtschreibung.

INHALT

Kindheit in Lubowitz

«DAS URALTE LUBOWITZ»

Joseph Karl Benedikt von Eichendorff wurde am 10. März 1788 auf Schloss Lubowitz in der Nähe der oberschlesischen, damals zu Preußen gehörenden Stadt Ratibor geboren. *Es war eine tiefe, stille, klare Winternacht des Jahres 1788*, so erzählte er Jahrzehnte später im autobiographischen Fragment *Unstern* die Geschichte seiner Geburt, *die Constellation war überaus günstig, Jupiter u. Venus blinkten freundlich auf die weißen Dächer, der Mond stand im Zeichen der Jungfrau u. mußte Schlag Mitternacht kulminiren.* Aber die vom aufgeregten Vater, dem Schlossherrn, inszenierte Begrüßung des neuen Erdenbürgers mit Böllerschüssen, Pauken und Trompeten begann aufgrund einiger Konfusion der Akteure etwas zu früh, und die Mutter fiel darüber in Ohnmacht: *[...] die Constellation, trotz den vortrefflichen Aspecten, war verpaßt, ich wurde grade um anderthalb Minuten zu spät geboren. Eine lumpige Spanne Zeit! u. doch holt*

Schloss Lubowitz bei Ratibor. Zustand vor dem Umbau 1858, als das Schloss im Tudor-Stil umgestaltet wurde.
Holzschnitt von E. Süss nach einer Skizze von G. Starke

Eichendorffs Bruder
Wilhelm von Eichendorff
(1786 – 1849).
Wachsbild-Miniatur

sie Keiner wieder ein, das Glück ist einmal im Vorsprung, er im Nachtrab.[1]

Dabei war, um das Bild aufzugreifen, *die Konstellation* in der Tat günstig, die Kindheit und Jugend des jungen Freiherrn von Eichendorff bestimmen sollte. Als zweiter Sohn des Adolf Theodor Rudolf von Eichendorff und seiner Frau Karoline, geb. von Kloch, wuchs er zusammen mit seinem 1786 geborenen Bruder Wilhelm und seiner 1804 geborenen Schwester Louise – vier Geschwister starben im Kleinkindalter – in einer landadligen Familie auf, die in jenen von wirtschaftlicher Dynamik und agrartechnischem Fortschritt bereits erfaßten Zeit ein standesgemäßes Leben zu führen versuchte. Das gerade erbaute klassizistische Schloss Lubowitz hatte Adolf von Eichendorff 1785 samt Gutsbesitz und Dorf seinem Schwiegervater Karl von Kloch für einen hohen Preis abgekauft.[2] Es bot mit Tafelzimmer, Tanzsaal, Musikbühne, geräumigen Stuben und einem eingeschossigen Wirtschaftsgebäude einen repräsentativen Rahmen, den zu erhalten mit einigem Aufwand verbunden war. Nach Norden hin über den Hof ließ sich der Gutsbetrieb überblicken; nach Süden fiel das Gelände mit Schlosspark, Garten und sich anschließendem Wald sanft zum Odertal ab. Vom Saal führte ein Laubengang hinaus zum Park und zum Obstgarten. In Lubowitz, zu Eichendorffs Zeiten ein Dorf mit 68 Einwohnern, wurden in einem «Lohnarbeitsbetrieb»[3] mit 25 Gärtnern und 6 Häuslern sowie Hofgesinde, Kutschern, einem Verwalter und einem Amtsschreiber Ackerbau, Viehzucht und Futterwirtschaft betrieben. Nicht aristokratische Mußestunden in stiller, unberührter Landschaft weitab vom Weltgetriebe bestimmten den Alltag in Lubowitz, sondern die tägliche Arbeit auf dem Gut: das Rumoren der Melkerinnen am frühen Morgen, die Viehfütterung, die Versorgung der Arbeitspferde und Zugochsen, Schafzucht und Dreifelderwirtschaft mit Acker-, Getreide- und Brachflächen. Das historische Lubowitz war ein «Getreide-Futterbau-Schafhaltungsbetrieb»[4]. Adolf von Eichendorff verstand sich als zeitgemäßer Gutsherr, er kaufte und verkaufte Güter, spekulierte mit Gewinnen, lieh sich Geld und wußte sich Hypotheken zu verschaffen. Seine Frau Karoline verfügte – weitsichtig, wie sich in Zeiten drohenden wirtschaftlichen Ruins zeigen sollte – «über die Einnahmen aus dem Kuhstall und der Schweine- und Geflügelhaltung» und finanzierte «damit vermutlich ihre stets als sehr kostspielig geschilderte – Haushaltsführung», immerhin «17,6 % aller Einnahmen».[5]

Ratibor. Handzeichnung des jungen Eichendorff

9

Die Mutter: Karoline von Eichendorff, geb. von Kloch (1766–1822). Gemälde von F. W. Weinhold, 1783

Lubowitz' Ökonomie mag profan wirken angesichts der Verklärung, die sich mit Eichendorffs Kindheitsort über Lesergenerationen hinweg verband. Deren Bedürfnis nach romantisierendem Stimmungszauber und deren «Bild eines gemütssinnig schlichten Volksdichters»[6], wie geschaffen zum sentimentalen Schwelgen und zur Flucht in ein poetisches Kindheitsparadies auf fernen Schlössern inmitten grüner Wälder, hatten Eichendorff zum Sonn- und Feiertagsdichter und Lubowitz zum Klischee einer trivialromantischen Urheimat werden lassen, welche man *aus voller Kehl' und frischer Brust*[7] in Gesang und Deklamation beschwor. Dass Reste eines solchen Eichendorff-Bilds immer noch existieren, lässt sich kaum leugnen.[8] Dies ist umso bemerkenswerter, als die Eichendorff-Forschung seit über vierzig Jahren jenes Überlieferungsklischee längst in allen Punkten widerlegt hat.[9]

Eichendorffs poetische Rekurse auf Lubowitz und auch auf das als Ort erfüllter Kinderjahre hoch geschätzte Schloss Tost, das sein Vater 1791 erworben hatte, schon 1797 aber mit hohen Gewinnen abstieß, waren nach der Zwangsversteigerung von Lubowitz 1823 Erinnerungschiffren aus der Erfahrung des Verlustes, kein Vorwand für Heimatkult. Adlige Güter standen überall in Preußen längst unter dem Diktat betriebswirtschaftlicher Ökonomie. Agrarwirtschaft fand im Zeichen eines stürmischen Modernisierungsdrucks statt; in Krisensituationen führten unwirtschaftliches Handeln und unrentable Betriebe zwangsläufig in den Ruin. Wenn es ökonomisch geboten schien, erwiesen sich auch alteingesessene Familien als sehr mobil. Herkunft und Tradition waren für den Landadel zwar eine Frage des Prestiges; trotzdem wechselten angestammte Güter rasch ihren Besitzer. So stand auch das seit 1634 zur Familie Eichendorff gehörende schlesische Gut Krawarn 1782 zum Verkauf an. Adolf von Eichendorff erhielt einen Teil der Erlössumme, zugleich «die Kapitalbasis für den von ihm angestrebten Aufbau einer eigenen Begüterung, die 1784 bis 1786 mit den Erwerbungen der Güter Radoschau und Lubowitz [...] begann»[10].

Der Vater: Adolf Theodor Rudolf von Eichendorff (1756–1818). Gemälde von F. W. Weinhold, 1783

Das Geschlecht der Eichendorffs reicht nach Niederbayern zurück, wo es vom 11. Jahrhundert an urkundlich nachweisbar ist. 1375 wurde es im Landbuch Karls IV. genannt. Im Dreißigjährigen Krieg hatte der kaiserliche Rittmeister Jakob von Eichendorff durch Heirat schlesische Güter erhalten und sie, kinderlos geblieben, seinem 1679 in den Freiherrnstand erhobenen Neffen Hartwig Erdmann von Eichendorff veräußert, der seinerseits das im Mährischen gelegene Lehngut Sedlnitz dazu erwarb. 1742 kamen die größten Teile des vormals österreichischen Schlesien an Preußen. Die katholischen Eichendorffs gehörten von nun an zu

Hartwig Erdmann von Eichendorff (gest. 1682)

einer konfessionellen Minderheit in einem Land, dessen Verhältnis zum Katholizismus auch im 19. Jahrhundert gespannt blieb.

Joseph von Eichendorff begegneten in seiner Familie offenbar
zwei Temperamente. Der Vater sei, so Eichendorffs Schwester Louise 1858, «ein großer, stiller, in sich gekehrter Mann», die Mutter
aber «eine sehr kluge, lebendige, thätige Frau»[11] gewesen. Louise,
die jüngste Schwester, hatte ihren Vater bereits als einen von
Niederlagen gezeichneten Mann erlebt. Ihre Charakterisierung
deckt sich jedoch mit derjenigen, die Eichendorff auch im Roman
Ahnung und Gegenwart als verdeckte autobiographische Spur im
Herrn v. A. angelegt haben soll, übrigens sehr zum Ärger seiner
sonst sehr geschätzten Mutter, die sich in der Schwester des Herrn
v. A. zu erkennen glaubte: *Herr v. A., ein langer, ernster Mann, in seiner
Kleidung fast pedantisch, sprach wenig. Desto mehr führte seine Schwester das hohe Wort. Sie war eine lebhafte, regsame Frau, wie man zu sagen
pflegt, in den besten Jahren, eigentlich aber grade in den schlimmsten.
Denn ihre Gestalt und unverkennbar schönen Gesichtszüge fingen so eben
an, auf ein vergangenes Reich zu deuten.*[12] In welchem Maße der junge
Eichendorff Einblick in die Geschäftspraxis seines Vaters hatte, ist
nicht genau zu ermitteln. In seiner Schrift *Der Adel und die Revolu-*

Eichendorffs Schwester Louise
Antonie (1799 – 1803)

tion hat er das Treiben des Landadels höchst anschaulich und mit ironischem Gestus beschrieben: *Die fernen blauen Berge über den Waldeswipfeln waren damals wirklich noch ein unerreichbarer Gegenstand der Sehnsucht u. Neugier, das Leben der großen Welt, von der wohl zuweilen die Zeitungen Nachricht brachten, erschien wie ein wunderbares Märchen. Die große Einförmigkeit wurde nur durch häufige Jagden, die gewöhnlich mit ungeheurem Lärm, Freudenschüßen u. abenteuerlichen Jägerlügen endigten, sowie durch die unvermeidlichen Fahrten zum Jahrmarkt der nächsten Landstadt unterbrochen. [...] Am liebenswürdigsten aber waren sie unstreitig auf ihren Winterbällen, die die Nachbarn auf ihren verschneiten Landsitzen wechselweise einander ausrichteten. [...] Die Glücklichen hausten mit genügsamen Behagen größtenteils in ganz unansehnlichen Häusern (unvermeidlich «Schlößer» geheißen), die selbst in der reitzendsten Gegend nicht etwa nach ästhetischem Bedürfniß schöner Fernsicht angelegt waren, sondern um aus allen Fenstern Ställe u. Scheunen bequem überschauen zu können. Denn ein guter Oekonom war das Ideal der Herren, der Ruf einer «Kernwirthin» der Stoltz der Dame.*[13]

«DA DRAUSSEN RAST DIE NEUE ZEIT»

Ein *guter Oekonom* war Adolf von Eichendorff nicht. «Abneigung gegen eine stetige auf Nachhaltigkeit gerichtete Betriebsführung», «Neigung zur Nervosität», «niedrige[s] Standhaltevermögen», «Panik- und Fluchtreaktionen», «mäßiger Wirklichkeitssinn und ein deutliches Unvermögen [...], die Wirkungen seiner Entscheidungen auf die Reaktionen seiner Geschäftspartner richtig abzuschätzen», so die Bilanz einer gründlichen Quellenstudie.[14] Adolf von Eichendorff, kein gelernter Agrarwirt, sondern ehemaliger Offizier, verhielt sich bei seinen Güterkäufen und -verkäufen und seinen Spekulationsneigungen wie viele andere Landadlige seiner Zeit. Auch das ruinöse Verspekulieren des großen Gewinns, den er 1798 mit dem Verkauf von Tost gemacht hatte, entsprach zeittypischer Risikobereitschaft. Dass sie fatale Folgen hatte, zeigte sich rasch. Die Verwaltung der Eichendorff'schen Güter war im September 1801 – Adolf von Eichendorff war auf der Flucht vor Gläubigern – zahlungsunfähig, ein Liquidationsprozess war die Folge.[15] Von diesem Zeitpunkt an wurden die Besitzungen und ihre Einnahmen staatlicher Aufsicht und Kontrolle

unterstellt, die Verarmung der Familie begann sich rasch abzu-
zeichnen. Adolf von Eichendorff wies die Schuld von sich, beschwor in einem rührenden Brief an seine Frau uneigennützige
Motive – «Ich habe Euch alle zu reichen Leuten machen wollen»[16] –, beschönigte seine ausweglose Lage allerdings nicht und
verfiel schließlich in dumpfes Selbstmitleid. Erst Monate später,
im März 1802, kehrte er nach Lubowitz zurück. Der drohende Verlust der Güter, auf deren Erträge er keinen Zugriff mehr hatte, war
von nun eine tägliche Sorge. *Die Mama schreklich ohnmächtig worden*[17], so hielt der Sohn den Moment fest, an dem der Brief mit der
Katastrophennachricht in Lubowitz eintraf.

Seine Kindheit und Jugend hatte Eichendorff keineswegs im
Zeichen der sich anbahnenden Krise erlebt, sondern als glückliche, unbeschwerte Zeit, geprägt von Geborgenheit, Zuwendung
und Nähe zu vielen Bezugspersonen, nicht zuletzt zum älteren
Bruder Wilhelm. Für ihre Söhne hatten die Eltern eine sorgfältige
Erziehung durch Hofmeister vorgesehen. Für solche an sich unbe-
liebten, schnell wechselnden Ämter kamen vielfach Theologie-
studenten und Theologen aus ärmlichen Verhältnissen in Frage,
die keine Anstellung gefunden hatten oder kein kirchliches Amt
anstrebten. 1793 trat, offenbar mit Sorgfalt ausgewählt, der gerade
zum Priester geweihte Bernhard Heinke sein Hofmeisteramt auf
Lubowitz an und blieb bis 1801: ein Glücksfall für alle Beteiligten,
denn das Verhältnis zu Eltern und Kindern erwies sich als vertrau-
ensvoll und konfliktfrei. Heinke, «ein ausgezeichneter Mann»[18],
war noch über die Hofmeisterjahre hinaus eine wichtige Bezugs-
figur des jungen Eichendorff.

Im Spiegel des Tagebuchs, das Eichendorff mit neun Jahren
zu schreiben begann, erscheint das Bild eines Jungen, der sich ganz
den Ereignissen des Tages hingab. Offenheit und Neugierde kennzeichnen die meist stichwortartigen Notizen, die, wie dezent um-
schriebene Einträge zur Flucht des Vaters vor den Gläubigern
zeigen und das fast völlige Fehlen von Notizen zur Gefühlslage
vermuten lässt, offenbar einen Kreis von Lesern hatten, beispiels-
weise den Hofmeister und den Bruder, später auch Freunde und
Bekannte. Notiert wurden winterliche Schlittenfahrten, unge-
wöhnliche Frostperioden, Jahrmarkttermine, Ausflüge zu den Fa-
miliengütern, Namen von Besuchern in Lubowitz, Beobachtun-

Joseph von Eichendorff
in Pagenuniform.
Gemälde von Maria
Anna Bürck, 1797

gen auf einer 1799 unternommenen Reise nach Karlsbad, die über
Dresden führte und einen Besuch im Schloss und des Zwingers
einschloss, und eine Menge ungewöhnlicher Vorfälle, die Eichendorff so wichtig waren, dass er sie festhielt – Kindsgeburten, Pa-
tenschaften, große Gewitter, Auftritte von Seiltänzern, den ersten
Ausritt mit Bruder und Hofmeister und den ersten Ballbesuch im
Januar 1801. Zu den Vergnügungen des Alltags, «meist Abends bei
Mondschein» [19], gehörte auch das Schwimmen in der Oder. Als eifriger Leser nutzte Eichendorff die Leihbibliothek in Ratibor und
schmökerte in Räuberromanen, Komödien, historischen und
popularphilosophischen Titeln, schließlich auch in Werken von
Jean Paul und Schiller. Auch die Kinderbuch-Klassiker der Aufklä-
rungszeit waren ihm vertraut. *Robinson, Campe u. alle die seeligen
Stunden der Kindheit, die wir so oft von Hamburg verträumt hatten,
gaukelten [...] vor unserer Seele* [20], notierte sich Eichendorff 1805 auf
seiner Hamburg-Reise, bevor er in späteren Jahren Campe einen
zahme[n] Philister [21] nannte.

Ratibor. Im Vordergrund der alte Weg nach Lubowitz, das nur wenige Kilometer nördlich von Ratibor liegt

Das Lubowitzer Hausgesinde und Gutshofpersonal stammte aus deutschen und polnischen Familien. So verwundert es nicht, dass beide Brüder nicht nur recht fließend Polnisch sprachen, sondern, wie Wilhelm es in seiner amtlichen Bewerbung für den österreichischen Staatsdienst formulierte, zwei «Muttersprachen»[22] hatten, Deutsch und Polnisch. Zeugnisse der Breslauer Gymnasialzeit bescheinigten Eichendorff, dass er Polnisch als Zweisprachler «ziemlich gut kennt»[23]. Dass im Übrigen *die polnisch redenden Oberschlesier z. B. […] so gute Patrioten wie die deutschen*[24] seien, hob Eichendorff seiner preußischen Behörde gegenüber zu einer Zeit hervor, als mit dem aufkommenden Nationalismus in Europa Sprache zum symbolischen Medium kultureller und politischer Ab- und Ausgrenzung wurde.

Schon das Lubowitz der Kinder- und Jugendjahre war kein von Politik unberührter Ort. Im Rückblick sah Eichendorff sein Geburtsjahr 1788 im engen Konnex zur Französischen Revolution von 1789 gestellt: *Ich bin mit der Revolution geboren, der politischen wie der geistigen, literarischen, u. die letztere habe ich mitgemacht.*[25]

Lebensstationen

BRESLAU

Der Entschluss der Eltern, ihren Söhnen nach den Jahren der Hofmeistererziehung eine Schul- und Universitätsausbildung zukom-
men zu lassen, fiel in die Zeit des drohenden Ruins von Lubowitz.
Adolf von Eichendorff hatte seinen hohen Gewinn aus dem Verkauf von Tost nach kaum vier Jahren verspekuliert, ein Konkurs-
verfahren wurde eingeleitet. Für eine Zukunft der Söhne, notfalls
ohne väterliches Erbe, war daher eine Ausbildung unerlässlich.
Breslau war von 1801 bis 1805 die erste Station. Wilhelm und Joseph von Eichendorff besuchten das Katholische Gymnasium. Sie
wohnten im unmittelbar an die Schul- und Universitätsgebäude
angrenzenden St.-Josephs-Konvikt, der Unterkunft für Schüler

Blick auf Breslau von der Balustrade der Vorhalle des Doms

Das
St.-Josephs-
Konvikt in
Breslau

und erste Semester aus der näheren und ferneren Umgebung. Die
Zeugnisse weisen Eichendorff als einen Schüler aus, der ohne Mühe den Anforderungen folgen konnte: ein nachträglicher Beleg für
Heinkes Hofmeisterfähigkeiten. Das Osterzeugnis von 1803 be-
schrieb Eichendorff als «Jüngling von mehr als mittelmäßigen
Geistesanlagen» und bescheinigte ihm «große» oder zumindest
«ziemlich große Fortschritte» in allen Schulfächern einschließ-
lich der zunächst nicht ganz unproblematischen Mathematik. Der
Stundenplan sah neben klassischen philologischen Disziplinen
auch – und hier an spätaufklärerische Lehrpläne erinnernd – «Er-
fahrungsseelenkunde», eine Vorform moderner Psychologie, vor,
dazu «Deklamation und Geschmacksbildung» sowie «Vernunfts-
erkenntnisse».[26] Zugleich übte sich Eichendorff im Zeichnen,
Fechten, Schwimmen und Tanzen: standesgemäße Beschäftigun-
gen junger Adliger.

Die Erziehungspraxis in Schule und Konvikt war im zeitgenössischen Vergleich recht großzügig und nachsichtig. Dieser
Freiraum wurde auch genutzt. Seit 1800 schrieb Eichendorff
Gedichte; 1803 wurde sein erstes, gemeinsam mit dem Bruder ver-
fasstes Gedicht in den «Schlesischen Provinzialblättern» veröffentlicht: *Am frühen Grabe unseres Bruders Gustav.*[27] Ihr Lehrer
Rathsmann hatte es korrigiert. Die Kontrolle der Lektüre, ein

Zuchtmittel strenger Erziehungsinstitute zur Bekämpfung der so genannten Lesesucht, beschränkte sich in Breslau darauf, nächtliches Lesen in ungeheizten Zimmern zu verbieten. Im Übrigen gab es keinerlei Theaterverbot, sodass Eichendorff schon als Schüler und später auch als Student mehr als hundert Aufführungen im Breslauer Theater besuchte. Der liberalen Haltung lag keine Erziehungsdoktrin zugrunde, sondern eher, wie Eichendorff später in seinem autobiographischen Fragment *Der Adel und die Revolution* vermerkte, *eine sehr fühlbare hin u. her schwankende Unsicherheit* der Professoren und des Katholischen Gymnasialwesens insgesamt, das nach dem Ende der jesuitischen Erziehungstraditionen *sich plötzlich von allen Seiten den Anfechtungen des tumultuarischen Zeitgeistes*, aufklärerischem Fortschrittsglauben und Religionskritik, ausgesetzt sah.[28] Und doch hatte gerade das Lavieren zwischen Tradition und Neuerung eine offene Atmosphäre geschaffen, in der sich Eichendorff wohl fühlte, weil er einen Raum hatte, sich zu entfalten und Anregungen aufzunehmen.

Breslau war für Eichendorff der Beginn einer lebenslangen Theaterleidenschaft. In kurzer Zeit sah er die Stücke aller damals populären Autoren. Kotzebue dominierte, auch Ifflands Dramen waren beliebt; mitunter fanden sich Schiller und Goethe im Repertoire, Gluck und Mozart. Das Konvikt hatte, der Tradition des jesuitischen Schuldramas folgend, ein eigenes Theater, an dem sich Eichendorff offenbar mit Engagement beteiligte: Er agierte glanzvoll auf der Bühne in Frauenrollen und Frauenkleidern und begeisterte sich für Kostümierung und Camouflage. In diese Leidenschaft für theatralischen Geschlechtertausch scheinen pubertäre Sinnlichkeit, erotisches Begehren, Rollenempathie und ein ausgeprägtes Interesse am Perspektivenwechsel, an der Differenz zwischen männlichem und weiblichem Verhalten einzugehen. Diese Fähigkeiten kamen dem späteren Schriftsteller Eichendorff zustatten, gelegentlich brachten sie ihm auch den Vorwurf ein, er schreibe zu sinnlich und lasse seine Figuren zu lustvoll agieren. Und Lust schien sich Eichendorff schon in Breslau nicht zu versagen, denn das Tagebuch, so sehr es auch Privatheit und Intimität verdeckt, hält manchen Hinweis auf erste Amouren und Liebesabenteuer bereit. Als *schöne Morgenröthe eines noch schöneren Tages*

19

verehrte der Tagebuchschreiber *die kleine Demoiselle Pitsch,* Karoline von Pitsch. Der Verfasser des Gedichts *Liebe* [29] jedenfalls, das im Zusammenhang mit einer Jugendschwärmerei für die Breslauer Schauspielerin Amalia Schaffner entstanden sein könnte, beherrscht die vor Sinnlichkeit und Lust überbordende Sprache des Begehrens zumindest als literarische Rhetorik: *Mädchen, wenn in deiner Reitze/Wonnemeer mein Blik sich taucht,/Wenn von deinem Purpurmunde/Heiße Sehnsucht mich durchhaucht;//O, wie schwind't dann jeder Wunsch, der/Kühn sonst in die Zukunft sah,/Einer nur steht allverschlingend/Und allmächtig vor mir da!//[...]//Auf dann lodern alle Kräfte,/Die, in düstrer Nacht verstekt,/In des Hertzens Räumen schliefen,/Von der Liebe Tag gewekt.* Noch die Sublimation, mit der in der letzten Odenstrophe die himmlische gegen die irdische Liebe ausgetauscht wird, lässt die Konkretion jenes *allverschlingend* und *allmächtig* wirkenden Wunsches deutlich werden: *Offen, offen steht der Himmel!/Auf, frey von der Thierheit Last,/Auf zum Vater, wo die Weesen/Alle heil'ge Lieb' umfaßt!*

Im August 1803 schlossen die Eichendorffs die VI. Klasse ab, *welche nun zu der Universitaet übergieng* [30]. Der Wechsel von der Schule zur Universität in Breslau gestaltete sich schon aufgrund der Gemeinsamkeit der Gebäude und des Konviktbesuchs reibungslos. Für beide Brüder, auch in diesem Punkte gemeinsam agierend, begannen propädeutische Studien an der philosophischen Fakultät. Der Kursusplan des Studienjahrs reichte von Religion und Moral bis zu Vorlesungen über Deutsche Reichsgeschichte. Im August 1804 notierte Eichendorff im Tagebuch einen Hinweis auf die *Philosophische Promotion,* also einen ersten Studienabschluss. Nach Heiduk erlangt Joseph von Eichendorff den Grad eines Bakkalaureus, während sein Bruder, dessen Auszeichnung *neidische Aergerniß* verursachte, die höhere akademische Stufe eines Licentiaten erreicht hatte. [31] Damit endete die Zeit im Konvikt, Eichendorff bezog mit seinem Bruder ein neues Quartier. Während des zweiten Kursus, der im Oktober 1804 begann, erweiterten beide Eichendorffs ihren Studienplan und hospitierten zusätzlich am Breslauer Magdalenen-Gymnasium. Da es in Breslau keine Möglichkeit gab, Rechtswissenschaft zu studieren, setzten sie ihr Studium in Halle fort.

HALLE

Am 30. April 1805 kamen Wilhelm und Joseph von Eichendorff in Halle an. Vorangegangen waren lange Abschiedszeremonien in Lubowitz und Umgebung. Das Studium an einer der bekanntesten und berühmtesten Universitäten bot Aussicht auf neue Begegnungen und Eindrücke, nicht allein auf Wissenserwerb, sondern auch auf eine neue Lebensform, die größere Freiheiten gewährte als das Breslauer Konvikt: das Studentenleben. Entsprechend überwältigend fiel die erste Bekanntschaft mit Halle aus. Das Hallenser Tagebuch füllen Anekdoten, Studentenulk, Episoden von Prügeln und Saufen sowie anhaltenden Konflikten mit Bürgern, die man in der Studentensprache «Philister» nannte. Die Provokation der Studenten galten nicht nur, wie seit langem üblich, der städtischen Obrigkeit mit ihren begrenzten Eingriffsrechten, sondern wohl auch dem Militär: ein Hinweis auf den Autoritätsverlust der einst so gefürchteten preußischen Armee kurz vor der Niederlage gegen Napoleon. Die Krise des preußischen Staates hatte ihren Höhepunkt erreicht. Die Niederlage von Jena und

Halle an der Saale

21

Auerstedt am 14. Oktober 1806 markierte das vorläufige Ende des legendären Ruhms Preußens.

Der Lehrbetrieb an vielen Universitäten war veraltet. Von systematischer Ausbildung konnte vielfach keine Rede sein. Mittelalterliche Bräuche, inzwischen funktionslos geworden, hatten sich ins frühe 19. Jahrhundert hinübergerettet und machten das akademische Leben zum leeren Ritual. Wer es sich leisten konnte,

Randalierende Studenten und «Philister» in Heidelberg. Zeichnung von Eduard Schramm

nahm Anteil am landsmannschaftlichen und studentischen Alltagsleben, ging zu solchen Vorlesungen, die gerade in Mode waren, und bedauerte aufrichtig diejenigen, die, aus ärmlichen Verhältnissen kommend und mit Stipendien versehen, als künftige Kandidaten der Theologie, angehende Mediziner und Juristen sich dem allmählich modernisierten und entsprechend erschwerten Prüfungssystem stellen mussten. Zu diesem Kreis gehörten die Eichendorffs in Halle und auch später in Heidelberg noch keineswegs, sodass sie bis Juli 1806 in ihrer ersten Universitätsstadt keinen harten Studiendruck verspürten und das freie Leben in vollen Zügen genossen. Den Zustand der Universitäten zu Beginn des 19. Jahrhunderts hat Eichendorff Jahrzehnte später, auf sein Tagebuch zurückgreifend, anschaulich geschildert: *Die damaligen Universitäten hatten überhaupt noch ein durchaus fremdes Aussehen, als lägen sie außer der Welt. Man konnte kaum etwas Malerischeres sehen, als diese phantastischen Studententrachten, ihre sangreichen Wanderzüge in der Umgebung, die nächtlichen Ständchen unter den Fenstern imaginärer Liebchen; dazu das beständige Klirren von Sporen und Rappieren auf allen Straßen, die schönen jugendlichen Gestalten zu Roß, und alles bewaffnet und kampfbereit wie ein lustiges Kriegslager oder ein permanenter Mummenschanz.*[32]

In die Hallenser Zeit fiel die Novalis-Lektüre sowie die Bekanntschaft mit jenem Buch, das für Eichendorff eine Art Initiation in die Frühromantik darstellte, mit Ludwig Tiecks Roman «Franz Sternbalds Wanderungen». Das Tagebuch hält diesen Moment fest als einsames Lesen draußen im Freien, eine im frühen 19. Jahrhundert noch verbreitete Lektüreweise: *Auf dem Giebichenstein lese ich zum erstenmal Tiecks Sternbald.*[33] Die Naturkulisse steigert die Lektüre zu einem erhabenen Akt und wirkt wie ein ihn beglaubigender Weiheort.

Ludwig Tieck. Zeichnung von Franz Krüger

Das Jurastudium erhielt in Halle kaum Konturen. Sofern seine juristischen Lehrer trockenen Aufklärungssystematiken folgten, lehnte der junge Eichendorff sie fast instinktiv ab. Eichendorff wählte in Halle philologische Kollegs, hörte eine Vorlesung des Altertumsforschers und klassischen Philologen Friedrich August Wolf und interessierte sich für den Arzt Franz Joseph Gall, der vor großem Publikum über seine umstrittene Schädellehre dozierte. Wichtiger jedoch wurde der aus Dänemark stammende Henrik Steffens, dessen Naturphilosophie im Zeichen Schellings stand. Von Steffens berichtete Eichendorff noch in *Halle und Heidelberg* voller Anteilnahme: *Jung, schlank, von edler Gesichtsbildung und feurigem Auge, in begeisterter Rede kühn und wunderbar mit der ihm noch fremden Sprache ringend, so war seine Persönlichkeit selbst schon eine romantische Erscheinung.*[34]

Von Halle aus unternahmen die Brüder Eichendorff im September 1805 eine ausgedehnte Reise in den Harz und nach Hamburg. Solche Reisen waren keinesfalls nur touristische Unternehmungen. Jungen Adligen und vermögenden Bürgersöhnen bot die Bildungsreise willkommene Gelegenheit, Gelesenes mit eigenen Augen wahrzunehmen und aus der Anschauung ein fundiertes Urteil zu gewinnen. Eichendorffs Schilderung des Harzes und sein Hamburg-Porträt sind romantisch bestimmte Schreibübungen. Hatte bereits die malerische Szenerie der Universitätsstadt Halle zum Schreiben eingeladen, so bot erst recht der Harz dazu entsprechende Gelegenheit: *Als wir endlich ermattet auf einer freyen Höhe den Ausgang aus dem unendlichen Walde, der die gantze Straße von Blankenburg einschließt, erreicht hatten, überraschte uns plötzlich und zum erstenmale der längstersehnte Anblick des alten Vater Broken. Ernst und grauenerregend sah er uns an aus seinem düsteren Hintergrunde, schaute ehrwürdig hin über die Ebnen u. Gefilde, die im Abendrothe glühten, während sein Haupt noch der Tag mit lichtem Glantze verklärte. – Wir konnten uns nicht enthalten, diesem ersten Ziele unserer Wanderung ein Vivat zu bringen, und uns einige Zeit unter einer Eiche hinzustreken.* [35] Die Wanderung öffnete den romantischen Blick auf eine Landschaft, die in Eichendorffs Dichtung nicht zuletzt mit Nacht und Düsternis, Bedrohung und Verführung verbunden ist: *Rings um uns starrte eine grausenvolle unbeschränkte Nacht, schwartze Wolken durchkreuzten einander in wilder Eile zu unseren Füßen, aus fernen tiefen Klüften heulte ein fürchterlicher kalter Sturm herauf. Augenblikelang zerriß oft der Sturm die düstre Wolkendeke über uns: dann fuhr plötzlich der helle Schein des Mondes, wie ein langer Blitz über den ganzen Himmel, u. beleuchtete auf eine Secunde mit matter Dämmerung die öde Einsamkeit.* [36]

LUBOWITZ

Halle hatte die Disposition zur Romantik gefördert. Sie sollte Eichendorff in Heidelberg, dem nächsten Studienort, zugute kommen. Diesmal erwiesen sich nämlich die ungünstigen äußeren Umstände als Glücksfall. Als die Brüder im Juli 1806 Halle verließen, stand Napoleon zwar vor den Toren; aber erst in Lubowitz erfuhren sie, dass er die Universität aufgelöst hatte. Eine Fortsetzung des Studiums in Halle war damit unmöglich. Eine Zeit des Wartens folgte, in der Eichendorff noch einmal Lubowitz in vollen Zü-

ge genoss. Wie ein Tanz auf dem Vulkan – der Niederlage von Jena und Auerstedt folgte eine tiefe Krise des preußischen Staates – erscheint das gesellige Treiben der Brüder, die begeistert am Leben der kleinen landadligen Gesellschaft und einiger mit ihr befreundeter Familien in der Umgebung Ratibors teilnahmen. Die Tage verflogen mit Jagden, Tanzereien, Bällen, gegenseitigen Besuchen, Lektüre, Komödien, Kutschen- und Schlittenfahrten, nebst *mancherley politischen, ökonomischen u. erotischen Gesprächen* [37].

Noch in der knappen, zurückgenommenen Sprache des Tagebuchs, das Intimitäten scheut und delikate Ereignisse in andeutenden Klauseln umspielt, ist die heftige Sinnlichkeit und Lebenslust Eichendorffs allenthalben zu spüren. Ein besonderer Reiz (offenbar auf beide Brüder) schien von Benigna Sophie Amalie Hahmann auszugehen, der Frau des Justiziars Hahmann aus Ratibor, der geliebten Muse mancher in jener Zeit entstandenen Gedichte, wie *Wehmuth* und *Das Zaubernetz*. [38] Verse wie *Es waren zwei junge Grafen / Verliebt bis in den Tod, / Die konnten nicht ruhn, noch schlafen / Bis an den Morgen roth* verknüpfen vor dem Hintergrund ihrer Entstehungsgeschichte das Liebesthema mit einem für die Lyrik des jungen Eichendorff charakteristischen Motivensemble,

25

mit Strom, Lebensreise, Verlockung und der Einsicht in unerfüllte Erwartung. Dass Eichendorffs Liebe zu jener *Madame Hahmann* des Tagebuchs keineswegs nur *hoch und mild* war, deutet sich stärker in den erotischen Motiven des Gedichts *Das Zaubernetz* [39] an. Es dokumentiert exemplarisch den poetisch verschlüsselten Konnex von Lyrik, Erotik und Sexualität:

> *Fraue, in den blauen Tagen*
> *Hast ein Netz du ausgehangen,*
> *Zart gewebt aus seidnen Haaren,*
> *Süßen Worten, weißen Armen.*
>
> *Und die blauen Augen sprachen,*
> *Da ich waldwärts wollte jagen:*
> *«Zieh' mir, Schöner, nicht von dannen!»*
> *Ach, da war ich dein Gefangner!*

Eichendorffs Faszination für die fast vierzehn Jahre ältere *Madame Hahmann* spiegelt sich, offen und versteckt, im Tagebuch an vielen Stellen wider, in Wendungen, die Kleidung, Verhalten, Aufmerksamkeiten, Bonmots und Gesten registrieren. Im Mai 1807, als die Lubowitzer Ferienzeit endgültig zu Ende ging, hielt Eichendorff seine Abschiedsstimmung in Zeilen fest, die zu den wenigen hochemotionalen Bekenntnissen des Tagebuchs überhaupt gehören: *[…] und so lebe auch du wohl, goldner schöner Abend! Ach! nachdämmern wirst du mir wohl über ein gantzes Leben, aber wiederkehren vielleicht nie mehr. – Schimmre immer nach, schöne Zeit! Kann ich doch weinen, wenn ich nicht mehr hoffen darf!* [40] Der wieder aufgeflammte Krieg hatte schon Ende 1806 auch Schlesien erreicht. Ein Plan der Familie, die Söhne zum Studium nach Dorpat zu schicken, wurde verworfen; Heidelberg sollte das neue Ziel sein.

HEIDELBERG

Anfang Mai 1807 verließen die Brüder Lubowitz und kamen nach langer Reise in Heidelberg an; dort blieben sie bis April 1808 und wohnten in der Hauptstraße Nr. 59. Das Jurastudium erhielt nun deutlichere Konturen. Sie hörten Anton Friedrich Thibauts Vorlesungen über Rechtsinstitutionen, römisches und Kriminalrecht, schwierige Paukstoffe allemal. Doch wie in Halle besuchte Eichen-

Schloss und Stadt Heidelberg. Kolorierter Kupferstich, um 1840, nach Friedrich Eisenlohr

dorff, der Italienisch und Französisch sowie Gitarrenunterricht auf dem Semesterplan hatte, auch Kollegs, die ihn entschieden mehr berührten. Das Heidelberger Jahr war für Eichendorff eines der entscheidendsten seines Lebens. Es brachte ihm die Begegnung mit Joseph Görres, den ersten persönlichen Kontakt mit einem Protagonisten der deutschen Romantik. Heidelberg bot ihm aber auch die Chance, im Kreise des Dichters Otto Heinrich Graf von Loeben eine Variante romantischer Lebensweise zu erkunden: die Einheit von dichterischer Praxis, esoterischem Freundschaftsbund und stilisierter

Otto Heinrich von Loeben (1786 – 1825). Zeichnung von Wilhelm Hensel

Selbstinszenierung. Schon in seinem Roman *Ahnung und Gegenwart* sollte Eichendorff solche Art Romantik bis zur Kenntlichkeit karikieren. Stadt und Landschaft um Heidelberg berührten Eichendorff tief; Rhein und Neckar eröffneten, wie das Tagebuch an vielen Stellen bezeugt, ein breites Bildreservoir für romantische Skizzen. Naturschilderungen durchkreuzen immer wieder den Eintrag von Ereignissen, Landschaftseindrücke haben Erlebnischarakter. Der sie aufschrieb, hatte gut beobachtet, was er sah. Es waren die Details, die ihn fesselten, eine Mühle in der Ferne, der Einfall von Sonnenstrahlen, der Blick auf Ruinen und Gärten, Wasserrauschen, die Einsamkeit mancher Wege, flüchtige Begegnungen unterwegs. In *Halle und Heidelberg* hat Eichendorff sein Erlebnis von Stadt und Umgebung in einer romantischen Bildformel zusammengefasst: *Heidelberg ist selbst eine prächtige Romantik; da umschlingt der Frühling Haus und Hof und alles Gewöhnliche mit Reben und Blumen, und erzählen Burgen und Wälder ein wunderbares Märchen der Vorzeit, als gäb' es nichts Gemeines auf der Welt.*[41] Die Erinnerung hat einen unverkennbar verklärenden Klang, der die gesamte Studentenzeit wie ein *Märchen* erscheinen lässt.

«Heidelberger Romantik»

1804 September: Clemens Brentano in Heidelberg; Begegnungen mit Friedrich Creuzer, Professor für klassische Philologie, einem Protagonisten der romantischen Schule.

1805 Achim von Arnim wohnt zeitweilig in H.; gemeinsam mit Brentano arbeitet er an der Volksliedsammlung «Des Knaben Wunderhorn»; Bekanntschaft mit dem Buchhändler Johann Georg Zimmer, Verleger des «Wunderhorns».

September 1806 Ludwig Tieck auf der Rückreise von Italien für einige Tage in H.; Oktober: Joseph Görres Privatdozent an der Heidelberger Universität, Vorlesungen über altdeutsche Literatur; Zusammentreffen mit Brentano und Arnim.

1807 Görres' Ästhetik-Vorlesungen (Hörer u. a.: Eichendorff), seine Schrift «Die teutschen Volksbücher» erscheint; November: Bekanntschaft Eichendorffs mit Graf von Loeben und dessen Kreis.

1808 Brentano: «Geschichte und Ursprung des ersten Bärnhäuters»; Januar – November: Arnim nimmt Wohnsitz in H., Redakteur der «Zeitschrift für Einsiedler» (Beiträger u. a.: Brentano, Jacob und Wilhelm Grimm, Jean Paul, August Wilhelm und Friedrich Schlegel, Ludwig Tieck, Philipp Otto Runge); «Heidelbergische Jahrbücher» (u. a. Beiträge von Arnim, Creuzer und Görres); Herbst: Görres' Rückkehr ins Koblenzer Schulamt; Loeben veröffentlicht den Roman «Guido».

Aus Studenten bestand auch der Kreis, den Loeben um sich sammelte. Er hatte ein paar Gleichgesinnte gefunden, unter denen er unangreifbare Autorität war, und zelebrierte Romantik als Lebensform. Er schwärmte für den 1801 früh verstorbenen Dichter Novalis, als dessen legitimen Nachfolger er sich zeitweilig sah. «Novalisieren» wurde in seinem Kreis zur poetischen Doktrin, bis hin zur alltäglichen Kommunikation. Aber Heidelberg war kein zweites Jena. Der frühromantische Kreis in Jena um Friedrich und August Wilhelm, Dorothea und Caroline Schlegel, Novalis, Tieck, Schleiermacher und für kurze Zeit auch Schelling verband im literarischen Diskurs Philosophie, (Natur-)Wissenschaft, Geschichte, Dichtung und Politik auf höchster Reflexionsstufe bis zur ironischen Selbstdistanz.

Loeben jedoch betrieb, wie Eichendorff Jahrzehnte später schrieb, Romantik als *sehr bedenklichen Afterkultus. Graf von Löben war in Heidelberg der Hohepriester dieser Winkelkirche. [...] Er hatte ein durchaus weibliches Gemüt mit unendlich feinem Gefühl für den salonmäßigen Anstand der Poesie, eine überzarte empfängliche Weichheit, die nichts Schönes selbständig gestaltete, sondern von allem Schönen wechselnd umgestaltet wurde. So durchwandelte er in seiner kurzen Lebenszeit ziemlich fast alle Zonen und Regionen der Romantik.* [42]

Was Eichendorff an Loeben kritisierte, war gerade das, was ihn zunächst an diesem frühen poetischen Mentor fasziniert hatte. *Wunderbar poetische Natur in stiller Verklärung* [43], so die Tagebuchnotiz von der ersten Begegnung am 15. November 1807. Schon ein paar Wochen später hielt das Tagebuch den Moment des Freundschaftsschwurs fest: *Meine Eröffnung gegen Isidorus (Sehnsucht) u. freudiger, warmer Empfang.* [44] Am 9. Januar 1808 berichtete Eichendorff von *Sonette[n] an Isidorus* [45] und später ausführlich über gemeinsame Spaziergänge, Gespräche und Aufenthalte des Kreises im nahe gelegenen «Roten Ochsen» zu Rohrbach, in dessen Oberstübchen der Kreis sich zeitweilig regelmäßig traf: *Dort unten treibt die Menge dumpf vorüber, / Nur ein'ge trift der Laut – die stehn erschroken, / Und Heimweh zieht magnetisch sie hinüber.* [46] So geläufig indes Eichendorff jene Abgrenzungsformeln des Kreises gegen die *Menge* auch waren: Er hat die profane Welt keineswegs aus den Augen verloren. Denn mitten unter den Rohrbacher Episoden deutete das Tagebuch, in diesen Dingen diskret wie immer, eine recht unglückliche Liebesgeschichte mit Katharina Förster an, der Muse jenes Gedichts, in dem von Loebens angestrengter Esoterik nichts zu finden ist und das durch Friedrich Glücks Vertonung weltbekannt wurde:

> *In einem kühlen Grunde,*
> *Da geht ein Mühlenrad,*
> *Mein' Liebste ist verschwunden,*
> *Die dort gewohnet hat.*

Die letzten beiden Strophen des Gedichts kontrastieren den ernsten Zeithintergrund des Heidelberger Jahres mit jenem *Sich selbst bedauern, jener Trauer eines fast gebrochenen Hertzens und [h]ertzzerscheidende[n] Resignation* [47], mit der das Tagebuch *K.s* gedachte:

> *Ich möcht als Reiter fliegen*
> *Wohl in die blut'ge Schlacht,*
> *Um stille Feuer liegen*
> *Im Feld bei dunkler Nacht.*
>
> *Hör' ich das Mühlrad gehen:*
> *Ich weiß nicht, was ich will –*
> *Ich möcht' am liebsten sterben,*
> *Dann wär's auf einmal still!*

Die Volksliedtradition mit ihrer einfachen, unmittelbaren Sprache hat Loebens Poetik verdrängt und verweist auf die Wirkung, die Clemens Brentanos und Achim von Arnims Sammlung «Des Knaben Wunderhorn» (1806) auf Eichendorff hatte. Görres hatte das Werk in seinen ästhetischen Vorlesungen enthusiastisch besprochen und an ihm seine Überlegungen zur Volkspoesie ent-

Titelkupfer des 2. Bandes von «Des Knaben Wunderhorn» (1808). Im Hintergrund das Heidelberger Schloss

wickelt. Während Arnim und Brentano, die zur selben Zeit in Heidelberg gegenüber dem Wirtshaus «Zum Faulen Pelz» residierten, Eichendorff noch nicht persönlich bekannt wurden, knüpfte er engen Kontakt zu Görres. Dieser war seit 1806 Privatdozent in Heidelberg und hatte mit einer Vorlesung zur Ästhetik und Geschichte der Künste großes Aufsehen erregt. Eichendorff nahm er mit seiner Begeisterungsfähigkeit und seiner Leidenschaft für Poesie und Kunst ein, aber auch mit seinen weit gespannten Interessen, die von asiatischer Mythengeschichte bis zu gerade erschienener klassischer

Joseph Görres (1776–1848). Stich nach E. von Steinle, 1837

und romantischer Dichtung reichten: *Proff. Görres über den Himmelsbau hospitirt. Blaß, jung wildbewachsen, feuriges Auge, fast wie Steffens, aber monologen Vortrag.* [48]

Das ereignisreiche Jahr in Heidelberg beschlossen die Brüder Eichendorff als Jurastudenten, nachdem endlich *Thibauts Pandecten […] ihr glorreiches Ende* genommen hatten. Und auch der Abschied vom Käthchen von Rohrbach war gekommen: *K. umschlungen u. sehr lieb. An der wohlbekannten Heke am Bache langer herzlicher Abschied.* [49] Von Heidelberg aus begaben sich die Brüder auf eine weitere Bildungsreise. Das Ziel war Paris. Anfang Mai zurück in Heidelberg, führte die Reise weiter Richtung Regensburg und von dort per Schiff nach Wien, von wo aus sie im Juli 1808 nach Lubowitz heimfuhren. Das Studium schien damit zunächst – ohne Abschlussexamen – beendet; denn in Lubowitz ging es darum, angesichts des wohl unabwendbaren Bankrotts sich mit der väterlichen Betriebswirtschaft und Güterverwaltung zu befassen. Über die notwendige kameralistische Grundbildung verfügten die Söhne Adolf von Eichendorffs zu diesem Zeitpunkt bereits.

Wieder in Lubowitz

Der Konkurs der Eichendorff'schen Güter war Wirklichkeit geworden, die Familie faktisch ohne Vermögen. Die Überschuldung der Güter war so groß, dass die eingehenden Erträge die anfallenden Zinsen für Hypotheken nicht mehr abdeckten. Adolf von Eichendorff hatte sich völlig verspekuliert. «Die Zeit, in der Wilhelm und Joseph von Eichendorff auf den Gütern des Vaters tätig waren, deckt sich mit dem völligen Niedergang eben dieser Betriebe.»[50] Dass nicht gleich aller Besitz veräußert wurde und der Erlös den geprellten Gläubigern zukam, hatte einen politischen Grund. Seit 1807 war ein Generalmoratorium in Kraft, das Zahlungsaufschub um zehn Jahre gewährte. «Deswegen wurde der Konkurs der Eichendorff-Betriebe um rund zehn Jahre hinausgeschoben und erfolgte erst nach Aufhebung dieser Verordnung 1817.»[51]

Eine reiche Heirat hätte neue Chancen geboten und war im Landadel jener Zeit ein probates Mittel ökonomischer Sanierung. Eichendorff aber verlobte sich 1809 mit Aloysia Anna Victoria von Larisch, die, 1792 geboren, seit 1795 mit ihren Eltern auf Gut Pogrzebin in der Nähe von Lubowitz lebte und deren Namen Eichendorffs Tagebuch seit 1805 vermerkt. Romantische Liebe durchkreuzte ökonomische Vernunft. Es kennzeichnet Eichendorffs Selbstverständnis, dass er sich der von den Eltern gewünschten Vernunftehe entzog – im vollen Bewusstsein, wie hoch der Preis für seine Entscheidung war. Seinen Entschluss änderte auch die Tatsache nicht, dass die Eltern der zwar standesgemäßen, aber nicht vermögenden Luise noch bis zur Hochzeit 1815 ablehnend gegenüberstanden. Die Liebe zu Luise schien im Sommer 1808 begonnen haben; für jenen Zeitraum fehlen freilich (bis Anfang Oktober 1809) die Tagebuchseiten, von wem auch immer entfernt, sodass – gewiss kein Zufall – die Heidelberger ‹Mesalliance› mit dem Käthchen von Rohrbach, der Anfang der Liebesbeziehung zu Luise und das Konkursgeschehen nicht überliefert sind.

Die Lubowitzer Tage, alles andere als ein Idyll, waren gut ausgefüllt: Begegnungen mit Luise, profane landwirtschaftliche Fragen, Teilnahme, am geselligen Leben des Landadels in der Umgebung, schließlich die hochgestimmte Korrespondenz mit Loeben, eine Wirklichkeit eigener Art, die von der bedrückenden Realität ablenkte. Im Herbst ging Eichendorff mit seinem Bruder für ein paar Wochen nach Breslau, wohin er Loeben einlud, der ein Treffen in Berlin vorschlug. Zum Abschied ließ er sich in Breslau, ein Geschenk für Luise, *von dem nicht ganz talentlosen Mahler Raabe auf der Taschenmaße en Miniature als schwarzer Ritter mit goldner Kette*[52] porträtieren.

BERLIN

Im November 1809 fuhren die Brüder Eichendorff nach Berlin, um mit Loeben zusammenzutreffen. Die Fahrt, im Winter ein gefährliches, daher preiswertes Unternehmen, führte als Schiffsreise auf der Oder bis Frankfurt und von dort weiter in die preußische Metropole. In Berlin nahmen sie Logis bei einem Uhrmacher in der Königstraße, also mitten im Stadtzentrum. Gerade angekommen, erwachte in Eichendorff die alte Theaterleidenschaft; sooft es möglich war, besuchte er das Nationaltheater am Gendarmenmarkt. Loeben kam erst im Dezember nach, er logierte im selben Hause, so wie er es sich gewünscht hatte. Diesmal jedoch schien Loeben für Eichendorff an Faszination verloren zu haben. Andere, wie Adam Müller, Clemens Brentano und Achim von Arnim, ließen seinen Einfluss verblassen.

Eichendorff wurde häufiger Gast im Hause des romantischen Staatsphilosophen Adam Müller, traf hier Arnim und Brentano sowie Heinrich von Kleist. Im Hause Müllers und bei den Soireen im Salon Sophia Sanders, Gattin des Berliner Buchhändlers Daniel Sander, war viel von Poesie die Rede. Eichendorff besuchte Berlin zu einem Zeitpunkt, als die Stadt sich als ein wei-

Achim von Arnim. Bleistift,
Silberstift und Pastellfarben,
um 1800

33

teres Zentrum der Romantik zu etablieren begann. Der Popularität Müllers hatte er viele Anregungen und Begegnungen zu verdanken. Vom grassierenden Fichte-Fieber war er indes nicht affiziert.

Adam Heinrich Müller, 1779 in Berlin geboren, 1829 in Wien gestorben; studierte Rechtswissenschaft; Prinzenerzieher in Dresden; 1808 zusammen mit Kleist Herausgeber des «Phöbus»; 1805 Konversion zum Katholizismus; als Publizist in Wien stand er dem Kreis um Fürst Metternich nahe; Freundschaft mit Friedrich Schlegel; 1815 bis 1827 österreichischer Generalkonsul in Leipzig; 1826 geadelt als Ritter von Nittersdorff.

Loeben, seine eleusischen Bundesgenossen, einige Berliner Romantiker, Müllers ästhetische Tee-Abende und nicht zuletzt Sophia Sanders Salon fanden sich in *Ahnung und Gegenwart* wieder: in literarischer Karikatur, einem Medium der Distanzierung, das bis ins Alter Eichendorff eine geeignete Form schien, sich von belastendem Druck und unerwünschten Einflüssen frei zu schreiben.

WIEN

Nach der Rückkehr aus Berlin im Jahre 1810 blieben die Brüder bis November in Lubowitz, dann brachen sie nach Wien auf und weilten bis April 1813 in der österreichischen Metropole. Waren bisher alle Orte ihres Studiums Stationen einer großen Bildungsreise, so hatte sich angesichts des finanziellen Desasters der Familie die Situation gründlich geändert. In Wien sollte das Jurastudium mit dem Examen abgeschlossen werden, damit der Weg in den österreichischen Staatsdienst beiden Brüdern offen stünde. Dieser Entschluss war in doppelter Hinsicht ungewöhnlich. Der Besuch von Universitäten war noch keineswegs, vor allem bei jungen Adligen nicht, an einen regulären Studienabschluss gekoppelt. Ungewöhnlich war auch, dass gleich beide Söhne die Beamtenlaufbahn wählten, also offenbar in der Familie gar nicht erst vorgesehen war, dass einer der Söhne in Lubowitz die väterliche Tradition fortsetzen und die Güter verwalten sollte. Die Lage war prekär, der Aufenthalt in Wien nur fürs Erste gesichert, als die Brüder bei der Studien-Hof-Kommission um Zulassung zur Staatsprüfung baten. Die Immatrikulation erfolgte zum 29. November 1810.

Im Tagebuch hat Eichendorff die eigene ökonomische Misere zwar nur selten, dann aber mit unmissverständlich klaren Worten erwähnt. *Heute auch, Gott sey Dank, in höchster Noth wieder über*

34

Wien, vom oberen Belvedere aus gesehen.
Aquarell von Karl Schütz, 1784

Erwartung viele Bancozettel von Hause bekommen [53], notierte er enthusiastisch. Zwei Monate später heißt es: *Fiengen wir unser aben-*
theuerliches standhaftes Hungerleben an, um uns Geld auf Bücher zu
ersparen. [54] So war die Begeisterung im Februar 1812 groß, als die –
verfrühte, falsche – Meldung über eine Erbschaft von angeblich
60 000 Talern eintraf: *Wir beyde eilten nun ins Freye, u. giengen hinter*
den Holtzplätzen an der Donau lange voll von Plänen im Sonnenschein
des Himmels und des Glükks vergnügt spazieren. [55] Das Erbe des Barons
von Kloch, eines Verwandten mütterlicherseits, fiel nicht nur
deutlich geringer aus, sondern wurde erst 1813 ausgezahlt.

Wien war eine Stadt voller Erlebnisse und Begegnungen, eine
Stadt ganz nach dem Geschmack des theaterbegeisterten, geselligen, urbanen Dichters. Erfüllte Tage in Wien: früh morgens Juris-
prudenz, gezielte Vorbereitung auf die einzelnen Fächer des Exa-
mens – von Europäischer Staatskunde zum Kriminalrecht, vom
römischen Zivil- bis zum Privat- und Kirchenrecht –, nachmittags
eifrige Arbeit am Roman *Ahnung und Gegenwart* oder Ausflüge mit

Verwandten nach Schönbrunn und Seebarn, und *abends bei Schlegels*[56], zu deren Kreis die Brüder auf Loebens Empfehlung bald gehören sollten und wo sie dem einflussreichen Redemptoristen-Prediger Clemens Maria Hofbauer begegneten, oder im Hause des mittlerweile nach Wien und in den österreichischen Staatsdienst gewechselten Adam Müllers. Ein Reigen von Choristinnen- und Schauspielerinnen-Namen durchzieht das Wiener *Pro Memoria*. Von *Liebesdeklarationen* gegenüber einer Demoiselle Wimberg ist die Rede, und dass er die Choristin im Dezember 1811 *[a]lle Wochen 2mal um 5 Abends* in ihrer Wohnung am Mehlmarkt besuchte, auch *am Nicolai Abend: Sehr lieb. Am kleinen eisernen Ofen. Schwartze lange Haare aufgelöst.*[57]

Clemens Maria Hofbauer (eigent. Johannes H.), 1751 in Taßwitz (heute Tschechien) geboren, gestorben 1820 in Wien; gehörte seit 1784 dem Redemptoristen-Orden an; zwischen 1787 und 1808 tätig in Warschau, 1788 Generalvikar der Redemptoristen und mit der Gründung weiterer Ordensniederlassungen in Polen, Deutschland und der Schweiz betraut; nach 1808 in Wien Ordensgeistlicher und Prediger mit politischem und religiösem Einfluß, Beichtvater Friedrich Schlegels, häufiger Gast in dessen Haus. 1914 Heiligsprechung durch Pius X.

Die Aufgeregtheit einer von Krieg und politischer Unruhe bestimmten Zeit fand ihr paradoxes Echo in den Aufregungen und Vergnügungen der Residenzstadt – die Brüder Eichendorff mittendrin. Die Wende vom aufklärerischen Josephinismus zum politischen System Metternichs samt Geheimpolizei und Zensur war in Wien ebenso spürbar wie eine die Bevölkerung und den Hof gleichermaßen bestimmende antinapoleonische Haltung. Sofern man politisierte, war Eichendorff eher ein aufmerksamer Zuhörer, kein hitziger Diskutant. Er beobachtete viel, notierte sich charakteristische Gesten und Haltungen, mit denen sich jemand in der Gesellschaft in Szene setzte. Alltägliche Zerstreuung und Phasen intensivster Arbeit – lesen, schreiben und studieren – schoben sich in rascher Folge ineinander. Eichendorff liebte seit Breslau Verwechslungs- und Verwicklungskomödien, Pantomimen, Possen, Maskenbälle und Singspiele, besuchte daher umso mehr das «Kasperl», das Theater in der Leopoldstadt, sowie das Theater in der Josephstadt und das an der Wien gelegene Theater auf der Wieden. Auf diesen Bühnen waren Hanswurst, Harlekin und Columbine noch zu Hause, weil das Volk sie liebte und sich an Possen und Stegreif- und Zauberlustspielen mit Gesang erfreute. Klassiker, wie Schillers «Jungfrau von Orleans» und «Wilhelm Tell», standen selten auf Eichendorffs Programm. Theater war für ihn gleichbedeutend mit Zerstreuung, Unterhaltung, Amüsement – ein Ort, an dem jene Situationskomik geboten wurde, die für manche Episode seiner Erzählungen und dramatischen Satiren Anregungen gab. So knapp bei Kasse die Eichendorffs in Wien waren, so reich an Beziehungen war ihr Alltag. Sie wohnten vom Tage ihrer Ankunft im I. Wiener Bezirk unter erster Adresse: Franz Joseph Graf von Wilczek, ein entfernter Verwandter, bot ihnen in seinem Domizil an der Herrengasse, dem so genannten Brassicanischen Haus aus der Zeit Ferdinands I., eine Wohnung und führte sie in die Wiener Gesellschaft ein. Sein Neffe war mit Eichendorffs Cousine Maximiliane verheiratet. In Wien, mit über 200000 Einwohnern eine expandierende Metropole, war noch immer der Glanz des gerade untergegangenen alten Reiches spürbar. Eichendorff genoss das gesellschaftliche Leben im Wilczekschen Hause, an dem er mit seinem Bruder teilnahm, wann immer sie konnten.

Im August 1811 kam es zu den wichtigsten Begegnungen der Wiener Zeit, zu Eichendorffs Kontakten mit Friedrich und Dorothea Schlegel. Welche Popularität der Wiener Schlegel-Kreis zeitweilig erlangte, zeigte sich 1812 in Schlegels öffentlichen Vorlesungen über die «Geschichte der alten und neuen Literatur». Das Tagebuch hielt Schlegels Vorträge in einem Wiener Gasthaus als Bühnenerlebnis fest: *Die erste Vorlesung Friedrich Schlegels […] im Tanzsaale des röm. Kaisers. Schlegel, gantz schwartz in Schuhen auf einer Erhöhung hinter Tischchen ablesend. Mit wohlriechendem Holtze geheizt. Großes Publicum. Vorn Kreiß von Damen, Fürstin Lichtenstein mit ihren Princessinnen. Lignovsky etc*

Friedrich von Schlegel
(1772 – 1829). Kohlezeichnung
von Philipp Veit

Dorothea Schlegel. Zeichnung
von Philipp Veit

29 Fürsten. Unten großes Gedränge von Equipagen, wie auf einem Balle. Sehr brillant.[58]

Es war charakteristisch für Eichendorff, dass er, nachdem er Schlegel kennen gelernt hatte, sich intensiv mit seinen Schriften auseinander setzte. Die Begegnung und das Gespräch gaben – analog zum Kontakt mit Görres in Heidelberg – den Anstoß dazu. Eichendorff vergrub sich nicht in Philosophie und Historie, begeisterte sich nicht für Thesen und Denkmodelle. Wenn er aber auf jemanden aufmerksam geworden war und ihn kennen gelernt hatte, dann war er zu intensiver Auseinandersetzung mit ihm bereit. Die Eichendorffs hatten Schlegels 1810 mit großer Resonanz gehaltene öffentliche Vorlesungen zur neueren Geschichte nicht mehr hören können. Als sie 1811 im Druck erschienen, notierte das Tagebuch ein *standhaftes Hungerleben* zum Büchererwerb, *wovon wir dann auch bald Schlegel über die neuere Geschichte zu unserer Seelenweide kauften*[59]. Ebenso wie die Literaturvorlesungen bildeten Schlegels Geschichtsvorlesungen das Fundament, auf dem Eichendorff 1819 seine eigenen Überlegungen zur Säkularisation und ihren Folgen für Preußen entwickelte und noch Jahrzehnte später seine literarhistorischen Schriften aufbaute. Sein Schlegel-Bild blieb an die Wiener Zeit gekoppelt. Ein tieferes Interesse für den jungen Frühromantiker wie für den späten Schlegel lässt sich nicht nachweisen.

Dagegen waren Adam Müllers Ansichten *gleichsam die Anwendung der Romantik auf die geselligen und politischen Verhältnisse des Lebens*[60]. Müller wie Schlegel aber blieben für Eichendorff Konvertiten. Ihrer Religiosität stand er trotz aller theoretisch postulierten, philosophisch begründeten Parteinahme für Kirche und Katholizismus distanziert gegenüber. Umgekehrt galt Dorothea Schlegels

Interesse nicht zuletzt dem Dichter Eichendorff, den sie nach gründlicher Korrektur des Manuskripts zur Veröffentlichung des Romans *Ahnung und Gegenwart* ermunterte. Sie war die Mutter des Freundes Philipp Veit, auch ihn und Wilhelm umsorgend. Im Gedicht *An Philipp (Nach einer Wiener Redouten-Melodie)*[61] hat Eichendorff die Ballsaal-Atmosphäre und die Spannung zwischen dem sinnlichen Reiz der Oberfläche und dem Empfinden von Einsamkeit und Schmerz inmitten des tobenden Ballsaals festgehalten:

Adam Heinrich Müller. Lithographie von F. Leybold nach einem Gemälde von August von Buttler

Kennst Du noch den Zaubersaal,
Wo süß Melodien wehen,
Zwischen Sternen ohne Zahl
Frauen auf und nieder gehen?

Kennst Du noch den Strom von Tönen,
Der sich durch die bunten Reihen schlang,
Von noch unbekannten Schönen
Und von fernen blauen Bergen sang?

Sieh! die lichte Pracht erneut
Fröhlich sich in allen Jahren,
Doch die Brüder sind zerstreut,
Die dort froh beisammen waren.

Und der Blick wird irre schweifen,
Einsam stehst Du nun in Pracht und Scherz,
Und die alten Töne greifen
Dir mit tausend Schmerzen an das Herz.
[...]

Die Freundschaft mit Veit und die Nähe zu Schlegel sowie zu Adam Müller, der November 1812 beide wieder einmal in arge finanzielle Bedrängnis geratenen Brüder in seine Wohnung aufnahm, erleichterten Eichendorff den Entschluss, sich von Loeben weiter abzugrenzen und *Ahnung und Gegenwart* zu vollenden; dies geschah noch in Wien. Seine Position als Autor fand Eichendorff nicht als Erfinder primär neuer romantischer Stoffe, sondern als Erzähler, der das Leben romantischer Kreise selbst, deren Ansprüche und Grenzen, im Zeitpanorama seines Romans in epischer Distanz nachzeichnete. Auch die Schreibpraxis des Tagebuchs kam Eichendorffs Abgrenzungsversuchen zustatten. Von Juni 1811 an widmete er sich mit großem Eifer der vertrauten Tätigkeit. Obwohl er weiterhin im Tagebuch keine Selbstoffenbarung betrieb, sondern dort das bunte Panorama des äußeren Lebens zuweilen bis zur Gangfolge der Mahlzeiten festhielt (als Glücks-

Eichendorffs Karikatur des Dieners Daniel Nickel im Tagebuch («Ich gebe nischt, gar nischt»)

momente eines zeitweiligen Hungerleiders), nutzte er seine Schreibtechnik zunehmend für meisterhafte Porträt-Miniaturen und -Karikaturen von Personen aus der engsten Umgebung. In ihnen erwies sich Eichendorff als Beobachter, der aus einer gewissen Entfernung wie ein Zeichner ein Skizzenbuch führte. Es waren Nuancen, beiläufig erzählte Anekdoten und Begebenheiten, in denen Personen charakterisiert wurden.

Die Wiener Zeit gehörte zu Eichendorffs glücklichsten Jahren, sodass Philipp Veits Urteil den Kern traf, als er seiner Mutter schrieb, er kenne die beiden Eichendorff-Brüder «als so eingewienert, daß sie schwerlich wo anders fröhlichen Herzens sein können»[62]. Am 5. April 1813 verließ Joseph von Eichendorff Wien, allerdings ließ er in der Gewissheit der Rückkehr seine gesamten Papiere zurück. Er sollte die Stadt erst 1820 wieder sehen und von da an nur noch zu kurzen Aufenthalten besuchen.

Das Erstlingswerk:
«Ahnung und Gegenwart»

SCHREIBEN ALS PROFESSION

Eichendorffs frühe, bis 1810 entstandene Lyrik war der Ausdruck leidenschaftlicher Produktivität, und zwar nicht allein von ihrem Umfang her, sondern auch in ihrer Bedeutung für die eigene literarische Profession: Die Beschäftigung mit Poesie führt von der Stufe des eifrigen Viellesers und gelegentlich selbst zur Feder greifenden Literaturliebhabers über den novalisierenden Stil des Loeben-Kreises zum versierten jungen Dichter. Mit knapp zwanzig Gedichten allerdings, die Eichendorff zwischen 1808 und 1813 veröffentlichte, unterschied er sich kaum von jenen vielen (heute längst vergessenen) Gedichtproduzenten, deren Erzeugnisse in Lesezirkeln und literarischen Salons vorgetragen wurden oder handschriftlich zirkulierten und die zum großen Heer der «Scribenten» gehörten und unzählige Zeitschriften, Jahrbücher, Journale und Musenalmanache belieferten. Der Plan, sich ans Romanschreiben zu wagen – er war um 1810, wenn nicht entstanden, so doch als Entscheidung herangereift –, markierte noch nicht die Grenzüberschreitung zum professionellen literarischen Autor, sondern stellte zunächst eine große Herausforderung an die eigene Schreibpraxis dar.

Für den Wiener Studenten Joseph von Eichendorff bedeutete die Konzeption und Niederschrift des ersten Romans ein enormes Arbeitspensum unter teilweise ungünstigen äußeren Umständen. So heißt es am 29. September 1811 im Tagebuch: *Erschöpfung manchmal von Hunger u. Arbeit. Abends bei Licht immer fröhlich am Romane gedichtet.*[63] Im Januar 1812 notierte Eichendorff: *Fieng ich wieder an (das Feuerzeug, Uhr etc auf dem Stuhle beim Bett) früh um 5 Uhr aufzustehen, wo ich bis nach 7 in der ungeheizten Stube am Romane schrieb.*[64]

Von Veröffentlichungsplänen war im übrigen zunächst keine Rede. Die Herausforderung, welche der Roman als literarische Gattung um 1810 für einen jungen Dichter darstellte, war nicht allein

Lesender bei Lampenlicht.
Gemälde von Friedrich Georg Kersting, 1814

auf den Reiz beschränkt, ein monumentales Schreibprojekt zu be-
wältigen. Bereits die Entstehungsgeschichte des Romans *Ahnung
und Gegenwart* illustriert auf anschauliche Weise, dass Schreiben
für Eichendorff alles andere als ein unbeschwert-heiteres, sorg-
loses Dichten war, das von der Not des Alltags befreite und un-
mittelbarem Äußerungsdrang entsprang. Gerade darin zeigte sich
die Profession des Autors, die wenigstens von jenen rasch erkannt
wurde, welche das Manuskript gelesen hatten. Bevor es in Druck
ging, bedurfte es zahlreicher Helfer. Es ist nichts davon bekannt,

dass Eichendorff auf eigene Faust einen Verleger gesucht hätte. Der andere Weg, den der junge Autor einschlug, erwies sich ohnehin als aussichtsreicher. Offenbar unter den Ersten, welche das Manuskript lasen, waren Friedrich und Dorothea Schlegel, beide befähigt zu unbestechlichem Urteil und scharfsinniger Kritik, beide mit literarischer Schreibpraxis bestens vertraut. Zu Recht hatte Eichendorff, der die trüben Aussichten eines Romandebütanten bei der Verlagssuche und das Reglement des Buchmarktes, die Protektion durch eine Autorität, richtig einschätzte, sich im Herbst 1812 an *dies[e] beiden Vortrefflichen*[65] gewandt. Beide scheinen nach Eichendorffs eigenem Bekunden die Veröffentlichung *eifrig angeraten*[66] zu haben. Von Dorothea Schlegel rührte schließlich auch (nach Hermann von Eichendorffs Bericht) der Titel *Ahnung und Gegenwart* her, eine glänzende Bestätigung des Anspruchs, einen aktuellen Zeitroman geschrieben zu haben, und zwar im Kontrast zwischen der *verworrene[n], unbefriedigende[n] Zeit, deren Bild der Roman sein soll*[67], der Gegenwart, und jener romantischen Losung für Sehnsucht und Zukunft: *Ahnung*.

Als Loeben sich im März 1813 das Romanmanuskript erbat, war das Veröffentlichungsprojekt indes nicht weiter gediehen; im April wurde es gänzlich unterbrochen, weil der Autor als freiwilliger Lützower Jäger am Krieg gegen Napoleon teilnahm. Ein Jahr später allerdings schienen sich gewisse neue Perspektiven zu eröffnen. So berichtete Eichendorff im April 1814 an Loeben, dass Fouqué sich für den Roman interessiere, nachdem der berühmte Dichter und Herausgeber offenbar von Philipp Veit, Eichendorffs Freund und Kamerad bei den Lützowern, für eine Lektüre des Manuskripts gewonnen wurde. Fouqué wolle sogar den *großen fertigen Roman [...] nach dem Kriege herausgeben*[68]. Ein solches Angebot schien schon deshalb aussichtsreich, weil eine Fürsprache oder Herausgeberschaft Fouqués den Weg zum literarischen Markt ebnen könnte. Im Übrigen war Fouqué als Herausgeber des «Frauentaschenbuchs» auch für den Lyriker Eichendorff eine gute Adresse.

Fouqué schließlich war es, der Eichendorff in lakonisch-bestimmtem Tone aufforderte, bei der Veröffentlichung des Romans zu seinem Namen zu stehen. Noch 1813, also ein Jahr vorher, hatte Eichendorff sich wie selbstverständlich seines Pseudonyms «Florens» bedient. Es folgte zeittypischen Konventionen und zeigte überdies ein romantisches Selbstverständnis dessen, der sich hinter «Florens» verbarg. Fouqué, der die Herausgabe ablehnte, aber «sogleich» mit seinem eigenen «Verleger in Unterhandlung treten» wollte, fragte Eichendorff unmissverständlich, «ob Sie nicht auf dem Titelblatte statt Florens sich lieber Joseph Freiherr von Eichendorff nennen wollen. Ich wünsche sehr das letztere. Der Mündigkeit und Kraft Ihrer Poesie scheint mir das pseudonymische Spiel nicht mehr zuzusagen.»[69] Diese «Mündigkeit und Kraft», mit vollem Namen für die eigene Autorschaft zu bürgen, war bereits einer jener Erfolge, die mit dem ersten großen Schreibprojekt verbunden waren und an die Eichendorff 1810 noch gar nicht zu denken gewagt hatte. In seinem ersten Brief an Fouqué formulierte der Autor mit der für ihn charakteristischen Offenheit und Direktheit, es sei *so traurig, für sich allein zu schreiben,* und nannte den Roman ein *Stück meines innersten Lebens.*[70] Die Ernsthaftigkeit, mit der er die Veröffentlichung betrieb, spiegelt die Bedeutung wider, die der Schriftstellerei im Leben Eichendorffs nunmehr zukam. Dorothea und Friedrich Schlegel, Fouqué, auch Loeben und Philipp Veit hatten beim Projekt ihren Part mitgespielt und, in welcher Form auch immer, geholfen, dass das Buch endlich 1815 herauskam, und zwar bei Fouqués Verleger Johann Leonhard Schrag in Nürnberg. Fouqué hatte mit seinem Vorwort symbolisch die Patenschaft übernommen und so den Eintritt Eichendorffs in die literarische Welt arrangiert.

Friedrich Schlegel, 1772 geboren in Hannover. 1792 Freundschaft mit Novalis. 1796 Jenaer Romantik-Kreis: August Wilhelm und Caroline Schlegel, Ludwig Tieck, Novalis, Friedrich Schleiermacher, Wilhelm Schelling, Dorothea Veit (Schlegels spätere Frau). 1798 Athenäumsfragmente. 1799 Heirat mit Dorothea; Erscheinen der «Lucinde».
1801 Novalis' Tod; Ende des Jenaer Kreises. 1808 Konversion zum Katholizismus. 1809 Vorlesungen in Wien. 1814 Teilnahme am Wiener Kongress. 1827 Bruch mit dem Bruder August Wilhelm. 11. Januar 1829: Schlegel stirbt in Dresden.

«EIN GETREUES BILD JENER GEWITTER-SCHWÜLEN ZEIT»

Eichendorff hatte erkannt, dass die romantische Aufwertung der Erzählprosa, des Romans wie der Novelle, mit dem literarischen Anspruch verbunden war, ein autonomes poetisches Forum zu

schaffen. Der Erzähldiskurs sollte, ausgestattet mit dem Privileg äs-
thetischer Gestaltungsfreiheit, alle Seiten der Lebenswelt zur
Sprache bringen. August Wilhelm Schlegel hatte 1798 den Roman
als Gattung beschrieben, «wo die Literatur das gesellschaftliche
Leben am unmittelbarsten berührt»[71]. Der Roman wurde zum Medium gesellschaftlicher Selbst-
reflexion, dazu bestimmt, «das
gesellschaftliche Leben», trans-
formiert in die Fiktivität erzäh-
lerischer Räume, in allen seinen
Facetten auszuleuchten. Ein
solches Ziel erforderte gründ-
liche Vorarbeiten, die nichts gemein hatten mit jenem spontanen Dichten, von dem in *Ahnung und Gegenwart* so häufig
die Rede ist.

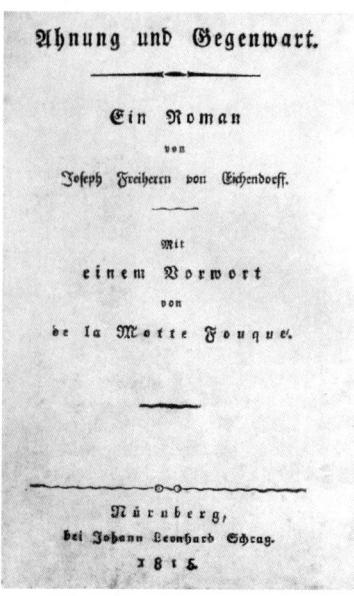

Das erste Buch stellt in
einer Exposition die Protagonisten vor und formt allmählich ein Beziehungsgeflecht,
aus dem sich einzelne Stränge
der Romanhandlung entwi-
ckeln. Das zweite Buch erweitert den Handlungsrah-
men um die Dimension der
Öffentlichkeit. Der Schau-

«Ahnung und Gegenwart».
Titelblatt der Erstausgabe, 1815

platzwechsel vom Land in die Stadt markiert die Grenzüberschreitung zur Welt der Residenz, des politischen wie kulturellen Macht-
zentrums, und eröffnet den kritischen Blick auf eine Gesellschaft,
deren Neigung zu Maskeraden und Larvenspiel Ausdruck ihrer ent-
fremdenden, verlogenen, destruktiven Erscheinungsform ist. Einbezogen in dieses Romanpanorama der modernen Zivilisation ist,
wenn auch auf unterschiedliche Weise, das Schicksal Rosas, die den
Reizen der Residenz allmählich erliegt und sich von Friedrich entfernt – sie kehrt am Schluss in der Rolle einer büßenden Maria Mag-
dalena noch einmal zurück –, und die Lebensgeschichte der Gräfin
Romana, der großen heidnisch-romantischen Venusgestalt und

eigentlichen Antagonistin Friedrichs, der Verkörperung unbedingter Autonomie des menschlichen Subjekts und des unbedingten Anspruchs weiblicher Selbstverwirklichung. Sie ist eine der bedeutendsten und komplexesten Frauengestalten Eichendorffs. Romana verkörpert bereits in ihrem Namen romantische Ungebundenheit. Sie gibt sich mit jenem Lied zu erkennen, das Eichendorff 1837 seiner Gedichtsammlung als erstes Gedicht voranstellte, als sei es die Initiation in seine Poesie[72]:

Und ich mag mich nicht bewahren!
Weit von Euch treibt mich der Wind,
Auf dem Strome will ich fahren,
Von dem Glanze selig blind!
Tausend Stimmen lockend schlagen,
Hoch Aurora flammend weht,
Fahre zu! ich mag nicht fragen,
Wo die Fahrt zu Ende geht!

Romana formuliert noch in der Beschwörung der verlockenden, sirenenhaften *Stimmen* eine Vision der Lebensfahrt, die Selbstverwirklichung schlechthin bedeutet und die, von Eichendorff kontrastiv gesetzt zu den tatsächlichen Möglichkeiten der Zeit, sich in der Perspektive des Romans am Ende als Selbsttäuschung und Selbstzerstörung erweist. Loebens Deutung Romanas – «einer herrlich hingestellten Figur, die eines großen Dichters würdig ist […], und Du hast bestimmt die Idee dazu in irgend einem Abenteuer empfangen» – kommentierte Eichendorff am Briefrand mit den lapidaren Worten: *Nein; sondern in mir selbst.*[73]

Romana verkörpert die Sprache des Begehrens, eine Projektion männlicher Phantasien und sexueller Wünsche – so wie ihr Tod, ihr Selbstmord, eine Art Frauenopfer darstellt, das Friedrichs Rettung und Umkehr bewirkt. Nicht sonderlich originell, setzt Friedrich Romanas Selbstmord moralische Entrüstung entgegen. Das dritte Buch endet in einer eigentümlichen Schwebelage. Friedrich, die zentrale Identifikationsfigur, dessen Geschichte der Erzähler in den Mittelpunkt stellt und dessen Perspektive ihn besonders beschäftigt, kehrt dem Weltlichen den Rücken – in wortreicher Rede und stilisierter Kämpferpose, die freilich im Rhe-

47

torischen verbleibt und in Kontrast steht zum Zusammenbruch Rosas, den Friedrich, mit Blick nach vorn, gar nicht mehr bemerkt. Er wird kein Schriftsteller, wie es aufgrund seines großen Interesses für Poesie und Literatur zunächst scheinen mag. Leontin, der im Gegensatz zu Friedrich keinen Gedanken daran verschwendet, ein Dichter zu werden, der umherzieht, von der *alten Freiheit* schwärmt und für sie mit der Waffe in der Hand kämpft, verlässt mit Julie Europa: Auswanderer *in einen anderen Welttheil* [74], wobei offen bleibt, ob sie dort *jene uralte, lebendige Freyheit* finden, *die uns in großen Wäldern wie mit wehmüthigen Erinnerungen anweht* [75]. Faber, der professionelle Autor, zieht am Ende *in das blitzende, buntbewegte Leben* [76] hinaus: ein Berufsschriftsteller ohne Aussicht, jemals ein Dichter zu werden.

Das Motiv des Aufbruchs und der Lebensfahrt, gleich im ersten Kapitel des ersten Buches wie eine den Roman bestimmende Leitfrage hervorgehoben, führt rasch zum thematischen Kern: zur Orientierungssuche in einer unüberschaubar gewordenen Welt voller widersprüchlicher Konzepte von Leben und Lebenssinn, zum Problem der Selbstinterpretation des Individuums, das, vor existentielle Entscheidungssituationen gestellt, immer in Gefahr ist, die Spannung zwischen hochgestimmten Ansprüchen und einschnürender Realität nicht mehr auszuhalten und zu scheitern. Es kennzeichnet Eichendorffs Roman, dass keine Figur sich jener bohrenden Frage nach dem rechten Lebensweg entziehen kann und dass schließlich auch die im ersten Buch gestellte Frage nach den Bedingungen und tatsächlichen Möglichkeiten einer poetischen Existenz nur in verdichteter, zugespitzter Form eine – offene – Frage nach Lebenssinn und Identität ist. Zwar setzt der Erzähler mit einem furiosen Aufbruchsmotto ein: *Die Sonne war eben prächtig aufgegangen.* Doch bevor die Geschichte der heiter die *Donau hinab* fahrenden Studenten überhaupt beginnt, entwirft er ein allegorisches Bild der gefährlichen, von Scheitern und Untergang bedrohten Lebensfahrt: *Wer von Regensburg her auf der Donau hinabgefahren ist, der kennt die herrliche Stelle, welche der Wirbel genannt wird. Hohe Bergschluften umgeben den wunderbaren Ort. In der Mitte des Stromes steht ein seltsam geformter Fels, von dem ein hohes Kreutz Trost- und Friedensreich in den Sturz und Streit der empörten Wogen hinabschaut. Kein Mensch ist hier zu sehen, kein Vogel singt, nur der*

Wald von den Bergen und der furchtbare Kreis, der alles Leben in seinen unergründlichen Schlund hinabzieht, rauschen hier seit Jahrhunderten gleichförmig fort. Der Mund des Wirbels öffnet sich von Zeit zu Zeit dunkelblickend, wie das Auge des Todes. Der Mensch fühlt sich auf einmal verlassen in der Gewalt des feindseligen, unbekannten Elements, und das Kreutz auf dem Felsen tritt hier in seiner heiligsten und größten Bedeutung hervor. Alle wurden bey diesem Anblicke still und athmeten tief über dem Wellenrauschen.[77]

Die Kontraste sind hart gefügt, sie haben, wie alle Naturbildlichkeit bei Eichendorff, mit bloßem Stimmungszauber nichts zu tun. Der *wunderbar[e] Ort* und *die herrliche Stelle* werden mit Tod und Gefahr unauflösbar verknüpft, so wie das *Kreutz* über die Metapher des Blicks mit jenem *Auge des Todes* offenbar in Verbindung steht, wenn es in die *empörten Wogen hinabschaut*. Die Landschaft zeichnet einen von Unglück und Unheil umstellten Ort, der zugleich ein Ort der Bewährung ist. In der vertikalen Bildachse markieren *Schlund* und *Kreutz* die perspektivischen Pole zwischen Untergang und Rettung, während auf der horizontalen Achse der *furchtbare Kreis* und der *Wirbel* die Gegenwart als Moment der Gefährdung und Entscheidung kennzeichnen. Die Spannung, die diesem Bild der Landschaft zu Eigen ist, löst sich erst am Romanende auf, als es wiederum heißt: *Die Sonne ging eben prächtig auf.*[78]

Solche (fast wörtlichen) Wiederholungen charakterisieren Eichendorffs Erzählstil und verweisen auf ein in den Bildformeln der Natur und der Landschaft umschlossenes poetisches Zeichensystem.[79] Zur Wiederholungstechnik gehören eine Vielzahl von Variationen und Abwandlungen der Natur- und Landschaftsformeln. Korrespondieren im Textzitat bereits die hohen *Bergschluft[e]* und der *Schlund*, so kehrt im Roman das Bild des Abgrunds an eben jenen Stellen wieder, in denen Eichendorffs Heldinnen und Helden entweder in eine gefährliche Ent-

Kein Dichter giebt einen fertigen Himmel; er stellt nur die Himmelsleiter auf von der schönen Erde. Wer, zu träge und unlustig, nicht den Muth verspürt, die losen, goldenen Sprossen zu besteigen, dem bleibt der geheimnißvolle Buchstabe doch ewig todt, und ein Leser, der nicht selber mit und über dem Buche nachzudichten vermag, thäte besser, an ein löbliches Handwerk zu gehn, als so mit müßigem Lesen seine Zeit zu verderben.

HKA IX / 3, S. 342

49

scheidungssituation ihres Lebens geraten oder bereits dabei sind zu scheitern, also abzustürzen und unterzugehen.

Der Tradition frühromantischer Erzählungen folgend, unterbricht der Erzähler seinen Bericht durch über fünfzig Lied- und Gedichteinlagen. Ein solches Verfahren erinnert an Novalis, Tieck und Brentano. «Sollte nicht der Roman alle Gattungen des Styls in einer durch den gemeinsamen Geist verschiedentlich gebundenen Folgen begreifen»[80], hatte Novalis gefragt und damit einen Programmpunkt romantischer Erzähltechnik umrissen. Das Erzähltext-Lied-Verhältnis ist komplexer Natur, weil es sich nicht auf inhaltliche Wiederholungen und Kommentierungen reduziert, schon gar nicht auf Stimmungszauber und Gefühlsausbrüche. Frühromantiker hatten den Leitbegriff der «Romantisierung» gelegentlich als eine Form der «Potenzierung» verstanden. In diesem Sinne fungiert Eichendorffs Lyrik im Roman als potenzierte Poesie, als Möglichkeit, Mehrdeutigkeit zu verstärken, unterschiedliche Perspektiven aufeinander zu beziehen und zu verdichten, in der angedeuteten Überschreitung von Gattungsgrenzen die Grenzen des poetisch Sagbaren auszuloten und Erzähltes zu unterbrechen. So beginnen die Lieder eine derartige Selbständigkeit zu entwickeln, dass sie untereinander in Kommunikation treten, sich also von ihren Sprechern sowie von der sie bestimmenden Romansituation lösen. Motive wie Aufbruch, Fahrt, Morgen, Wald, Jäger, Reh, aber auch Kampf, Gefahr, Einsamkeit, Schmerz, Tod und Todessehnsucht kehren wieder und bilden dem auktorialen Erzähler gegenüber eine eigenständige lyrische Oberstimme.

Eichendorffs Roman nimmt, wie die Episode über das *eßteetische Geschwätz*[81] der ästhetischen Teegesellschaft im Hause des Ministers zeigt, den verbreiteten Umgang mit Literatur und Romantik satirisch aufs Korn. Er führt dilettierende Schriftsteller- und Publikumstypen vor, die sich in eine Debatte über Poesie am Beispiel von Arnims Geschichte der Gräfin Dolores verstricken. Eichendorff karikiert Selbstdarstellungsrituale der literarischen Gesellschaft.

Sein Roman ist voller Lektürespuren, die der Autor keineswegs verdeckt. An vorderster Stelle zu nennen ist der direkte und indirekte Rekurs auf Goethes Roman «Wilhelm Meisters Lehrjahre», das epochale Monument zeitgenössischer Erzählkunst, das eine eigene Tradition begründete, den deutschen Bildungsroman. Die literarische Gegenwart ist als Lektürestoff in *Ahnung und Gegenwart* ein integraler Bestandteil der Romanwirklichkeit, also kein Arsenal für Plagiate, sondern ein höchst reales Bezugssystem für Erzähler, Romanprotagonisten und Publikum, mithin vielfältig zitierbar und nicht zuletzt auch parodierbar. Das literarische Verweissystem ist ebenso komplex wie vielschichtig. Intertextualität ist ein grundlegendes Konstruktionsprinzip des Romans: in der Adaption literarischer Stoffe und Motive, im Rückgriff auf Figuren- und Handlungsmuster, im offenen oder verdeckten Zitat, in der programmatischen Nennung von Schriftstellernamen, in parodistischer Werkreminiszenz, in spöttischer wie sentimentaler Lektürerückschau. Die Bibliothek der Titel, Autoren und Genres führt Weltliteratur und literarische Mode, Shakespeare und Lafontaine, zusammen, Historisches, wie das Volksbuch von der schönen Magelone, und Aktuelles, wie von Arnims 1810 erschienenen Roman «Armut, Reichtum, Schuld und Buße der Gräfin Dolores» und Brentanos «Godwi»-Roman von 1801, Aufklärungspädagogik wie Campes «Robinson» und romantische Kultbücher wie die Volksliedersammlung «Des Knaben Wunderhorn». Der Bildungsroman wird zum Literaturroman, in dem sich bereits die Bedeutung spiegelt, die literarischem Wissen als kulturellem Habitus und sozialer Abgrenzungspraxis des Bildungsbürgertums zukam. – Eichendorffs Zeit-Bild der *seltsamen gewitterschwülen Zeit* ist, vereinfacht formuliert, aus Literatur gemacht und hat Literatur zum Thema, enthält also in allen drei Teilen Mixturen aus literarisch-künstlerischen Programmen, kulturellen Alltagsritualen, politisch-philosophischen und nicht zuletzt auch religiös fundamentierten Standpunkten, in denen der Verfasser sowohl seine literarischen Prägungen und sein Wissen als auch eine Fülle bisheriger Lebenserfahrungen verarbeitet hat: Positionen, Ansichten, Physiognomien, Allüren, Idiosynkrasien, Spleens, Sprachgesten – aus Begegnungen mit Büchern wie mit Zeitgenossen. Das Schlusskapitel bietet eine Reihe von Zeitbegriffen an, in denen wie in einem Resümee ein kritischer Gegenwartsbefund zusammengefasst wird. Da ist die Rede *vom Drang der Zeiten*, der *Verwirrung der Zeit* [82], *dieser dummen Zeit* [83], welche *alt und schwach* [84] sei. In solchen Metaphern verdichtet sich die Erfahrung epochaler

Verzeitlichungsprozesse, über die zu sprechen schon im Titel des Romans mit seiner Dialektik von Erwartung *(Ahnung)* und Jetztzeit *(Gegenwart)* angekündigt wird. Die Erfahrung, in die vorwärts drängende Zeit verstrickt zu sein und sich ihr nicht entziehen zu können, provoziert die öffentliche wie private Zeit-Debatte, die eine historische wie auf die Zukunft gerichtete Dimension hat, sich aber meistens an der Dynamik der Gegenwart entzündet. Im Roman bleibt es Friedrich – also der Figur, die am meisten mit der Perspektive des auktorialen Erzählers übereinstimmt – vorbehalten, in seiner Schlusskonfession ein dramatisches Zeit-Panorama zu formulieren: *Mir gleicht unsere Zeit dieser weiten, ungewissen Dämmerung! Licht und Schatten ringen noch unentschieden in wunderbaren Massen gewaltig miteinander, dunkle Wolken zieh'n Verhängniß-schwer dazwischen, ungewiß, ob sie Tod oder Segen führen, die Welt liegt unten in weiter, dumpfstiller Erwartung. […] Verlohren ist, wen die Zeit unvorbereitet und ungewaffnet trifft.*[85]

Die apokalyptische Grundierung in Friedrichs Zeit-Diagnose, einer wortreichen Selbstrechtfertigung, hat einen doppelten Bezug, einen aktuellen, der auf den noch unentschiedenen Ausgang der napoleonischen Kriege verweist, und einen prinzipiellen, der im Bild *dumpfstiller Erwartung* die für den Zeitraum zwischen 1810 und 1815 so zutreffende Schwebelage zwischen Modernisierung und Restauration veranschaulicht. Damit erscheint *Ahnung und Gegenwart* als ein Zeitroman par excellence. Daran lässt auch Eichendorffs farbige Schilderung der Entstehungsgeschichte des Romans keinen Zweifel. Das Manuskript sei bereits *vollendet* gewesen, so berichtet der Autor 1814 in einem Brief an Fouqué, *ehe noch die Franzosen in Moskau waren*, also noch bevor sich die Waage zugunsten der antinapoleonischen Koalition senkte. Nun, 1814, sei *der eigentliche Zeitpunkt eines allgemeinen Interesses für diesen Roman* wohl schon *verstrichen.* Und doch könne er sich *nicht entschließen, etwas daran zu ändern, theils weil er sonst ganz etwas anderes und kein volles Bild mehr jener seltsamen Gewitterschwülen Zeit der Erwartung, Sehnsucht und Schmertzen wäre, theils aber weil unser neuester, gegenwärtiger Zustand […] noch zu unterentwickelt, schwankend, formlos und blendend erscheint, um […] einen ruhigen Überblick zu vergönnen.*[86]

Die Bildformel von der *seltsamen Gewitterschwülen Zeit* fasst die Gegenwartsdiagnosen des Romans pointiert zusammen. Fast wörtlich wiederholte Eichendorff diese Wendung in einem Romanvorwort, das freilich nicht in Druck ging, und umriss seinen Anspruch, *ein getreues Bild jener Gewitterschwülen Zeit der Erwartung, der Sehnsucht u. Verwirrung*[87] gegeben zu haben: eine Selbstinterpretation, die schon deshalb von Bedeutung ist, weil sie am Ende des Schreibprozesses in einer selbstbewussten Geste den Roman zum epochalen Zeitroman erklärte und so die eigene Autorschaft endgültig auf die Stufe professioneller Schriftstellerei hob. Der Zeitroman war geschrieben, aber damit waren noch keineswegs alle Hürden literarischer Autorschaft genommen. Fünf lange Jahre lagen zwischen dem Ansetzen der Feder Ende 1810 und dem Erscheinen des Werkes im Jahre 1815. Als Eichendorff den Roman begann, stand nicht einmal fest, dass er zur Veröffentlichung gedacht war, dass er überhaupt unter seinem Namen jemals gedruckt werden sollte. Und als er endlich herausgekommen war, schien es, als ob sich das Eichendorff'sche Lebensmotto des Zuspätgekommen-Seins gleich zu Anfang seiner literarischen Karriere bestätigte: Die öffentliche Resonanz war schwach; der Roman geriet schnell in Vergessenheit. Erst Literarhistoriker des 20. Jahrhunderts entdeckten ihn wieder als einen der großen Romane der deutschsprachigen Literatur.

In den Befreiungs-Kriegen

DER «GROSSE BEFREIUNGS-KRIEG»

Ein Zeitroman war *Ahnung und Gegenwart* schon wegen seines aktuellen Zeitkolorits. Die brennenden Schlösser, erzählerisches Leitmotiv, wirken wie ein Fanal. Der Krieg bestimmt zunehmend die Szenerie und wirbelt die Lebenspläne der Romanhelden durcheinander. Napoleonische Eroberungen und Gegenaktionen vom Partisanenkampf bis zum gewaltsam niedergeworfenen Aufstand der Tiroler bilden jene politische Realität, auf die sich der Roman vielfältig bezieht. Eine Figur wie Leontin trägt deutliche Züge jenes Freiheitskämpfers, Briganten und Soldaten, der wenig später den nationalen Mythos der Befreiungskriege verkörpern wird.

Eichendorffs Entschluss, sich den Lützower Jägern anzuschließen, war spontan, kam aber nicht aus einer Augenblickslaune heraus. Der Wille, sich der Aufgabe zu stellen, zäh und unbedingt, war sogar zu einem Zeitpunkt noch zu spüren, an dem er längst die nüchternen Fakten dieser Freiwilligkeit am eigenen Leibe zu spüren bekommen hatte. In diesem Punkt übrigens folgte Eichendorff, für den das dichterische Wort nie bloße *Taschenspielerey*[88] war, der Konsequenz seines eigenen Romans, ohne Leben

1806   Napoleons Sieg über Preußen bei Jena und Auerstedt
1807   Frieden von Tilsit
1808   Spanien: Guerilla-Aufstand gegen französische Besatzungsmacht
1809   Niederlage Österreichs bei Aspern, Aufstand der Tiroler Bauern gegen verbündete französische und bayerische Truppen; antifranzösische Aktionen in Preußen (u. a. Ferdinand von Schills Freischar)
1812   Scheitern des napoleonischen Russlandfeldzugs
1813   März: Kriegserklärung Preußens an Frankreich; Oktober: «Völkerschlacht» bei Leipzig
1814   April: Abdankung Napoleons; Mai: Friedensvertrag in Paris; September: Eröffnung des Wiener Kongresses
1815   März: Napoleons Rückkehr von Elba und Einzug in Paris; Erneuerung der antinapoleonischen Allianz (England, Österreich, Preußen, Russland); 18. Juni: Niederlage Napoleons bei Waterloo und erneute Abdankung

Das Lützow'sche Freikorps. Zeitgenössischer Stich

mit Poesie zu verwechseln. Und während seine Romanhelden in Pulverdampf und Kampfgetümmel zumindest zeitweilig zu verschwinden drohten, war Eichendorff entweder Garnisonssoldat weit hinter der Front oder kam (wie später 1815 bei Waterloo) einmal mehr im Leben zu spät, sodass es bis zuletzt ein frommer Wunsch blieb, endlich in einem Regiment zu dienen, *das entweder bereits vor dem Feinde stände, oder doch unverzüglich dahin abgehen sollte*[89].

Dabei war er fast von Anfang an dabei. Im März 1813 konnte Friedrich Wilhelm III. die Linie preußischen Lavierens gegenüber Napoleon nicht länger aufrechterhalten, sondern erließ, öffentlichem Druck nachgebend, seinen «Aufruf an mein Volk», der zum Widerstand aufforderte. Am 5. April verließ Eichendorff zusammen mit Philipp Veit Wien in Richtung Breslau, um zu den Lützower Jägern zu stoßen, die freilich bereits ausmarschiert waren. Erst am 29. April erreichten sie bei Leipzig Lützows Freikorps. Veit hätte zwar die Mittel gehabt, sich der Reiterei anzuschließen. Da aber Eichendorff die Kosten für Pferd und Ausstattung nicht aufbringen konnte, blieben beide bei Lützows Infanterie. Eichendorff, in die 5. Kompanie des 3. Bataillons aufgenommen, war

Eichendorff
im Befreiungskrieg (1814).
Miniaturporträt

wochenlang an Märschen im Spreewald östlich Berlins beteiligt, ohne Feindberührung *bei Tag und Nacht in Wäldern und Sümpfen [...] mit Hunger und unbeschreiblichem Elend unaufhörlich kämpfend* [90]. Es gab keine Spur von Lagerfeuer- und Befreiungsromantik in diesem strategisch recht sinnlosen, körperlich zermürbenden Hin und Her. Über Eichendorffs Lützower Jägerzeit ist wenig bekannt. Die Notiz eines seiner Mitstreiter charakterisiert ihn indes recht anschaulich, und es gibt keinen Grund, an der Beobachtung zu zweifeln: «Heute lernte ich den Lützower Jäger Freiherrn von Eichendorff kennen – ein lieber Kamerad, der aber nach seiner träumerischen, sanften Art für das rauhe Kriegshandwerk nicht geschaffen scheint.» [91]

Schon Mitte Juli 1813 schied Eichendorff bei den Lützower Jägern aus und begab sich über Schlesien in Richtung Böhmen; denn der Krieg zwischen Österreich und Napoleon war wieder aufgeflammt, und so gab es Aussicht auf eine Offiziersstelle. In Prag freilich musste Eichendorff eine weitere Enttäuschung hinnehmen, sein Offiziersgesuch wurde abgelehnt. Zurückgekehrt nach Schlesien, fand er im September endlich seinen Platz als Leutnant in einem schlesischen Landwehrregiment. Nach militärischem Reglement waren solche Truppen für Garnisondienste hinter den Frontlinien wie geschaffen. Und so blieb Eichendorff das gesamte Frühjahr 1814 in Torgau, weniger bedroht durch französische Truppen als durch ansteckende Krankheiten und Seuchen. Nach eigenen Worten hätte er *vor Wut und Mißmut* sogar *keine Lust* [92] gehabt zu dichten. Ende Mai nahm er für unbestimmte Zeit Urlaub und begab sich nach Lubowitz, bis man ihn am 2. Dezember 1814 offiziell aus der schlesischen Landwehr verabschiedete.

Es charakterisiert Eichendorffs Selbstverständnis, dass er jene ganz und gar unheroische, in vielem als bedrückend empfundene Soldatenzeit nicht zum Anlass nahm, einen Schlussstrich zu ziehen und wie sein Bruder Wilhelm auf schnellstem Wege sein Leben zu ordnen. Immerhin hätte er wie dieser schon nach dem Wiener Studienabschluss eine aussichtsreiche Option für eine österreichische Beamtenlaufbahn gehabt. Für Wilhelm blieb Josephs Entscheidung im Kern unverständlich. Noch nie waren die Unterschiede der beiden Brüder so deutlich hervorgetreten wie 1813. Wilhelm bedauerte den Lützower Jäger zutiefst. «Es ist unangenehm», schrieb er den Eltern, «daß er so ein herumschmeissendes Leben führen muß.» [93] Wilhelm jedenfalls erfuhr den Krieg als einziges Desaster, lehnte ihn ab und sprach, nachdem er auf dem Wege nach Paris «die schwarzen stinkenden und ganz nackten Leichname»

Wilhelm von Eichendorff. Kreidezeichnung von J. Weger, um 1815

von Soldaten bei Troyes gesehen hatte, seine Abscheu deutlich in einem Brief an seinen Bruder aus: «Überhaupt, um zu wissen, was der Krieg sei, muß man im Nachtrab der Armee auf eben verlassenen Schlachtfeldern sein. Wer es gesehn hat, wird bekennen, Christus habe den Frieden gepredigt, wenn er auch gekommen ist, um das Schwert zu bringen.»[94]

Eichendorffs Entscheidung, sich mit Philipp Veit den Lützower Jägern anzuschließen und sich nach mehr als zwei Jahrzehnten eines gemeinsamen Lebensweges von Wilhelm zu trennen, den er von nun an nur noch sporadisch sehen sollte, war keine Imitation romantisch ausfabulierter Kriegszüge, sondern der erste, ernste Schritt in ein Leben jenseits unbeschwerter Kindheit, und zwar im Bewusstsein, im Leben auf keine *poliert[e], glänzend[e], wohlerzogen[e] Wirklichkeit* zu treffen. Ohne Heldenpose war der Abschied. Nicht heroisches Pathos, sondern persönlicher Schmerz bestimmte die Entscheidung, wie Eichendorff in seinen Widmungsversen *An meinen Bruder 1813* bekannte[95]:

Philipp Veit. Selbstbildnis, 1819

> *Steig' aufwärts, Morgenstunde!*
> *Zerreiß' die Nacht, daß ich in meinem Wehe*
> *Den Himmel wiedersehe,*
> *Wie ew'ger Friede in dem blauen Grunde!*
> *Will Licht die Welt erneuen,*
> *Mag auch der Schmerz in Thränen sich befreien.*

Der zurückgenommene Ton überwog nationalen Enthusiasmus und heldische Fiktionen. Es ging darum, die Spannungen auszuhalten, die zwischen dem poetischen Leben als ideellem Perspektivpunkt und den realen Möglichkeiten zu handeln notwendig entstanden. Schon das zunächst unter dem Titel *An den Hasengarten* geschriebene, als poetische Reminiszenz an Lubowitz entstandene und in den Roman *Ahnung und Gegenwart* aufgenommene Gedicht *Abschied* [96], später reichlich zersungen als sentimentales Abschiedslied für feierliche Augenblicke, hatte den barocken Topos vom Schauspiel des Lebens nicht als Tändelei verstanden, sondern umgekehrt an des *Ernst's Gewalt* geknüpft. *Das Spiel der Poesie genügt mir nicht. Gott laß mich was Rechtes vollbringen*, hatte Eichendorff sich während seiner Wiener Studienzeit notiert und hinzugefügt: *Denn die Poesie, die nicht aufs Ganze Bezug hat, ist ein leeres Spiel.* [97] Eine solche Erkenntnis aufzuschreiben hieß zugleich, sich der Schwierigkeit des Ziels zu vergewissern.

EIN «HALBVERWILDERTES GEMÜTHE»

Wer konnte 1813 und 1814 klar die Bedeutung von *was Rechtes vollbringen* definieren? Nüchtern fiel Eichendorffs Bilanz der eigenen Erfahrungen aus: *Hart und höchstverdrießlich bleibt es immer, bei so gutem Willen und ungeheueren Opfern an Geld, Gesundheit und kostbarer Zeit sich so weniger Thaten erfreuen zu dürfen.* [98] Das reflexive Moment trat besonders deutlich in jener langen Phase des Rückzugs nach Lubowitz während der zweiten Hälfte des Jahres 1814 hervor. Noch immer waren die Frage nach dem rechten Leben und der im Alltag als drückend empfundene Widerspruch zwischen poetischem Lebensentwurf und einschnürender Realität nicht gelöst. Selbst aus den förmlich-umständlichen, distanziert abgefassten Zeilen eines Briefes an Fouqué vom Oktober 1814 brachen Verzweiflung und Idealismus gleichermaßen wie voneinander noch ungeschiedene Kräfte hervor. Im Pathos der Allgemeinheit zeichnete er sein Wunschbild für die *Nation*: *Gott hat uns ein Vaterland wiedergeschenkt, es ist nun an uns, daßelbe treu und rüstig zu behüten, und endlich eine Nation zu werden [...]. Und dazu braucht es nun auch andere Kämpfer noch, als bloße Soldaten.* In dem Moment aber, in dem die eigene Lage zur Sprache kommt, emotionalisiert sich der Ton: *Wäre auch ich imstande, zu dem großen Werke etwas Rechtes bei-*

zutragen! Meine Kraft ist gering und noch von vielen Schlacken und Eitelkeiten getrübt, aber die Demuth, mit der ich meine Unzulänglichkeit anerkenne, und der Wille, das Beste zu erlangen, ist redlich und ewig.[99] Hinter diesen Pathosformeln stand die ganze Not einer noch unentschiedenen Zukunft. Ende 1814 suchte Eichendorff in Berlin zum ersten Male ernsthaft um eine Anstellung nach. Aber wieder einmal wirbelten die Zeitumstände seine Pläne durcheinander. Napoleon war von Elba zurückgekehrt und formierte ein letztes Mal seine Armeen.

Der gerade zwei Wochen verheiratete Eichendorff erlitt, wie er ein wenig später an Philipp Veit, schrieb, *noch einmal einen Paroxismus voll Patriotismus*[100], reiste am 25. April 1815 dem preußischen General Blücher nach und fand sich im Mai in einem Rheinischen Landwehrregiment wieder. In *Abschied und Wiedersehen*, einem Gedicht, das in der Handschrift den Untertitel *An Luise im December 1814* trägt, hatte der Dichter eben noch geschrieben: *Wach' auf! Dein Liebster ist fernher gezogen,/Und Frühling ist's auf Thal und Bergen wieder,/Wach auf, wach auf, nun bist du ewig mein.*[101] Der erneute hastige Aufbruch in den Krieg war kein Zeichen treu

sorgender Rücksichtnahme, sondern eine Zumutung für Luise, die er in Berlin zurückließ und um die sich die Familie des Juristen und Rechtshistorikers Friedrich Carl von Savigny kümmerte. Das Motiv des Verwilderns griff Eichendorff 1816 im unveröffentlicht gebliebenen Gedicht *An Luise* als Chiffre der Selbstdarstellung auf: *Ich wollt' in*

Luise von Eichendorff, geb. von Larisch (1792–1855). Zeitgenössische Kreidezeichnung

Liedern oft dich preisen, / Die wunderstille Güte, / Wie du ein halbverwildertes Gemüthe / Dir liebend hegst und heilst auf tausend süße Weisen, / Des Mannes Unruh und verworrnem Leben / Durch Thränen lächelnd bis zum Tod ergeben.[102]

Die Befreiungskriege mit ihrem militärischen Gepränge und Geklirr bilden für solche Art Männer- und Frauenopferphantasie die passende Zeitkulisse. Nach dem Sieg über Napoleon bei Waterloo – Eichendorff nahm am Einzug Blüchers in Paris am 7. Juli 1815 teil und biwakierte auf dem Pont-Neuf – gehörte er in Paris zur Ordonnanz des preußischen Generals und Heeresreformers Gneisenau und verrichtete seinen Dienst, solange die Sieger Frankreich besetzt hielten. An Fouqué schrieb er: *Ich stand in diesem Feldzuge bei der Rheinischen Landwehr in Frankreich, gänzlich verschlagen von allen Freunden und literarischen Nachrichten aus dem Vaterlande, nur durch das Gefühl solcher Entbehrung und Aufopferung, um desto inniger, mit demselben verbunden.*[103] Erst zu Beginn des Jahres 1816 kehrte Eichendorff zurück: Fast drei Jahre lang hatten die Befreiungskriege sein Leben bestimmt, ohne dass er die Zeit als eine erfüllte ansah, in der er *was Rechtes vollbringen* konnte.

August von Gneisenau.
Zeitgenössisches
Gemälde von
M. von Clausewitz

Beamter in Preußen

«Auf eine Anstellung Sturm laufen»

Nach seiner Entlassung aus der Armee am 2. Dezember 1814 begab sich Eichendorff nach Berlin, *um [...] eine Anstellung bei der hiesigen Regierung nachzusuchen*[104]. (Fast gleichzeitig wurde ebenfalls in Berlin ein Antrag Adolf von Eichendorffs gegen das seine Güter betreffende Zwangsvollstreckungsverfahren mit geringer Aussicht auf Erfolg eingereicht, da der Schuldenaufschub des Generalmoratoriums Ende 1814 entfiel.) Bald musste Eichendorff feststellen, dass der preußische Beamtendienst an feste Regularien gebunden und eine Anstellung an enge Bedingungen geknüpft war. An Veit schrieb er: *Mein hiesiges Anstellungs-Geschäft geht sehr langsam und trübselig. Denn obschon mich der Präsident und die Räthe, denen ich in Potsdam meine Aufwartung machte, sehr zuvorkommend aufnahmen, so müßte ich doch nach allgemeiner Versicherung vorerst wenigstens anderthalb Jahre lang ohne Gehalt und Diäten dienen, welches mir meine Vermögensumstände durchaus unmöglich machen: Ich will daher versuchen, solange mein Geld noch reicht, irgend eine andere baldige Anstellung zu erhalten.*[105] Im Frühjahr 1815 sollte kurzfristig dieser Wunsch in Erfüllung gehen, als Eichendorff auf Vermittlung des preußischen Reformers Gneisenau für ein Jahresgehalt von 600 Reichstalern am Berliner Kriegsministerium als Expedient vorübergehend beschäftigt wurde: eine finanzielle Voraussetzung für die Heirat mit der schwangeren Luise von Larisch am 7. April 1815 in Breslau. Am 30. August 1815 wurde Hermann von Eichendorff geboren, das erste von fünf Kindern, von denen zwei im Säuglingsalter starben.

Der Kontakt zu Gneisenau blieb nicht die einzige herausragende Begegnung Eichendorffs während des Berlin-Aufenthalts im Frühjahr 1815. Über Veit wurde er mit dessen Vater, dem Kaufmann Simon Veit, bekannt, dem ersten Ehemann Dorothea Schlegels, und mit ihren Brüdern Joseph und Abraham Mendelssohn. Moses Mendelssohn, der Vater der Geschwister, war eine Zentralfigur der Berliner Aufklärung gewesen, die Familie seit Jahrzehnten ein Mittelpunkt der Berliner Salonkultur. Eichendorff fand Zugang zu diesem Kreis, sprach mit Respekt von ihm, etwa wenn er in einem Briefentwurf an seinen Bruder Wilhelm die Familie Mendelssohn zu den *kritischsten Menschen Europas* zählte.[106] Joseph Mendelssohn war der Begründer des Bankhauses Mendelssohn; Abraham und Lea Mendelssohn waren die Eltern Felix Mendelssohn Bartholdys, des späteren Komponisten vieler Eichendorff-Lieder.

Nicht literarische Interessen führten Eichendorff nach Berlin, sondern handfeste materielle und berufliche Absichten. Dabei schien noch nicht ausgemacht, dass eine Anstellung in Preußen das erklärte Ziel war. Symptomatisch für die unentschiedene, von ungünstigen Umständen bestimmte Situation der Lebensplanung ist eine Passage in einem Brief an Veit, die das *Heimweh nach Wien*[107] mit einer möglichen beruflichen Perspektive in Österreichs Hauptstadt verband. Diese Überlegung erschien schon deshalb nicht abwegig, weil im Schlepptau der Diplomaten und Gesandten ein Heer von Beratern und Sekretären zum Wiener Kongress gekommen war. Auch eine andere Idee war nahe liegend, nämlich im Januar 1815 über Veit den Kontakt zu Schlegel wieder aufzugreifen und dessen Beziehungen für sich zu nutzen oder Veits Bekannten Jakob Bartholdy um Vermittlung zu bitten: *Sollte Herr von Schlegel vielleicht bei dem jetzigen Zusammenfluß von hohen Personen oder durch Bartholdy etc. irgend eine, noch so geringe, Anstellung in Wien für mich finden, so bitte ich Ihn herzlich, mich nicht zu vergeßen, und ich fliege mit unbeschreiblicher Freude in mein liebes altes Oesterreich zurück.*[108]

Die Pläne scheiterten; und wiederum waren es ungünstige Zeitkonstellationen, die beitrugen, Hoffnungen zu zerschlagen. Einen Monat später, im Februar 1815, veränderte sich die politische Lage erneut. Napoleon war in Frankreich gelandet, der Wiener Kongress in seiner Arbeit unterbrochen, die Kriegskoalition gegen Napoleon formierte sich neu. Und während der Bruder Wilhelm im April 1815 in Innsbruck eine freie Beamtenstelle antrat und im österreichischen Staatsdienst blieb, unterbrach Joseph von Eichendorff, der gerade im preußischen Kriegsministerium mit geringem Jahresgehalt untergekommen war, seine Tätigkeit und begab sich auf den Kriegsschauplatz. Mit deutlicher Selbst-

ironie hat er diesen Entschluss Veit gegenüber kommentiert: *Dem-
ohngeachtet habe ich noch einmal einen Paroxismus voll Patriotismus er-
litten, (mit der Rheinischen Landwehr) den letzten Feldzug wieder mitgemacht, d. h. fürchterlich exercirt, zu Compiegne, Noyon und Ham in der
Picardie tüchtig gegessen und getrunken, und nun wieder unbestimmten
Urlaub genommen, und zwar so unbestimmt, daß ich vor der Hand noch
nicht recht weiß, ob ich noch einmal auf eine Anstellung Sturm laufen
oder mich für immer in die frischen Wälder Ober-Schlesiens flüchten
werde.*[109] Im Mai 1815 zum Leutnant im 2. Rheinischen Landwehr-
Regiment ernannt, beteiligte sich Eichendorff an der Rekrutierung
rheinischer Infanterie.

Zeitweilig Ordonnanzoffizier in Paris, verfolgte Eichendorff
seine Anstellungspläne beharrlich weiter. Noch war seine Situation besonders prekär, weil er es weiterhin für *unmöglich* hielt, das
für eine juristische Beamtenkarriere unerlässliche, aber unbezahlte anderthalbjährige Referendariat und später die womöglich
auch diätenlose Assessorstelle anzutreten. Eichendorff wandte
sich an den einflussreichen Ministerialbeamten und späteren Minister Friedrich Eichhorn, den er im Oktober 1815 in Paris kennen
gelernt hatte und dem er am Ende seiner Laufbahn die Beförde-
rung zum Geheimen Regierungsrat verdankte. Weil *er verheirathet*
sei *und Vater* und weil sein *Vermögen* nicht hinreiche, um mit seiner *Familie noch längere Zeit auf eigene Kosten zu leben,* sei es ihm *unmöglich, nunmehr in die gewöhnliche juristische Laufbahn einzutreten
und vielleicht Jahrelang ohne Gehalt zu arbeiten.*[110] Auch diese Initiative scheiterte. Denn nur wer aus vermögender Familie kam oder
auf andere Weise seinen Lebensstandard sichern konnte, hatte
überhaupt Chancen zum höheren Staatsdienst in Preußen und damit eine Aussicht auf Karriere, Einfluss und Macht. Eichendorffs
Zugehörigkeit zum Adel allein reichte keineswegs aus, ihm den
Zugang zu Staatsämtern zu sichern.

Im Januar 1816 nach Preußen zurückgekehrt, nahm Eichendorff seine Bemühungen um eine Anstellung wieder auf, verließ
jedoch schon nach ein paar Wochen Berlin, ohne etwas erreicht zu
haben. Im Juni 1816 bewarb er sich um eine Referendarstelle bei
der Breslauer Regierung und bereitete sich auf die juristische Zu-
lassungsprüfung vor, die er am 9. Dezember 1816 erfolgreich ab-
solvierte. Attestiert wurden ihm «in der Lehre vom Recht gute», in

der für die kameralistische Verwaltungspraxis nicht unwichtigen «Staats- und Finanzwissenschaft aber mäßige Kenntnisse» sowie «eine gute Beurteilungskraft»[111]. Am 24. Dezember 1816 leistete Eichendorff seinen Diensteid auf König Friedrich Wilhelm III. und trat sein Referendariat an. Welche existentielle Krise sich hinter diesen Fakten verbarg, lässt ein Brief aus der Zeit der Examensvorbereitung erahnen: *Ich glaube im Grunde, ich habe einen dummen Streich gemacht, der leicht mit meinem Durchfallen in der nicht leichten Prüfung garstig enden kann. Denn ich habe wenig Zeit, wenig Lust, wenig Kenntnisse, wenig Geld, wenig Protektion, wenig connaissances, liaisons, savoir vivre und andern solchen Teufelsdreck, und wenn mich meine brave Frau nicht noch stark, frisch und frei erhielt, wär' ich längst schon fortgelaufen.*[112]

In Breslau hatte Eichendorff zunächst die Prozedur einer fest umrissenen Ausbildung zu absolvieren. Diese sah Einblicke sowie Praxiserfahrungen in allen Bereichen der staatlichen Verwaltung vor, also keineswegs nur juristische Tätigkeiten im engeren Sinne. Im Ordnungs-, Sicherheits- und Polizeiwesen, wesentlich auch in Finanz- und Kameralangelegenheiten musste Eichendorff Kenntnisse erwerben, dazu im Steuer- und Militärverwaltungswesen, der Forst-, Domänen- und Staatswirtschaft sowie im staatlichen und kommunalen Etat- und Rechnungswesen. Er hatte die einzelnen Stationen zu durchlaufen und eine Probearbeit zu verfassen. Ihr Original wurde nicht überliefert, im Nachlass jedoch fanden sich – mit ungesicherter Datierung – eine längere sowie eine kürzere Fassung, die vielleicht im Zusammenhang mit autobiographischen Arbeiten Mitte der vierziger Jahre entstand.

Das Thema der Schrift führte den Kandidaten auf ein ebenso aktuelles wie (für einen Katholiken im protestantischen Preußen) brisantes Gebiet, die Säkularisation: «Was für Nachteile und Vorteile hat der katholische Religionsteil in Deutschland von der Aufhebung der Landeshoheit der Bischöfe und Äbte desgleichen von der Entziehung des Stifts- und Klosterguts mit Wahrscheinlichkeit zu erwarten?»[113] Die Frage eröffnete einen Problemhorizont, der kein juristisches Detailwissen verlangte, sondern ein ausgeprägtes Zeitbewusstsein, umfassende Bildung, Mut und nicht zuletzt eigenständige Urteilsfähigkeit, zumal es noch kein Konkordat zwischen Preußen und dem Vatikan gab, das Säkularisationsfragen im Detail regelte. Die Frage dokumentiert daher nicht ausschließlich staatliche Konfessionsvorbehalte, sondern auch das Selbstverständnis und den Anspruch preußischen Reformbeamtentums. Unter solchen Prämissen verwundert es nicht, dass Eichendorff, der die Frage mit Bravour meisterte, sich mit seiner Arbeit gerade bei Exponenten des Reformflügels empfahl – und endlich nach bestandenem Examen eine Assessorstelle in Breslau erhielt.

Die im Nachlass überlieferte Schrift *Über die Folgen von der Aufhebung der Landeshoheit der Bischöfe und der Klöster in Deutschland*[114] ist weder ein konfessionell gebundenes, katholisch-parteiisches Statement gegen die Säkularisation noch eine lasche Lobrede mit fadenscheiniger Argumentation. Eichendorff baut sein Thema vielmehr auf einem breiten, diskursiv entwickelten historischen Fundament auf. Damit sichert er gleichsam das Niveau seiner Argumentation ab und konfrontiert die Prüfer mit einem geschichtlich perspektivierten Interpretationsmodell jener 1801 im Frieden von Lunéville beschlossenen und 1803 im so genannten Reichsdeputationshauptschluss ausgeführten Auflösung der zum Teil seit Jahrhunderten unter geistlicher Herrschaft stehenden Reichsgebiete (Säkularisation), vor allem der großen und kleinen Reichsbistümer. Die Maßnahme sollte die Fürsten des an Frankreich abgetretenen linken Rheinufers entschädigen und war zugleich Ausdruck und politische Konsequenz der im Zeitalter der Aufklärung forcierten Profanisierung vieler Lebensbereiche. Eichendorffs Schrift wiederholt nicht den verbreiteten Topos vom offensichtlichen Anachronismus geistlicher Herrschaft, sondern diskutiert deren Entstehung und wechselvolle Geschichte. Zwei Axiome bilden die Säulen des Eichendorff'schen Argumentationsgebäudes, die Grundsätze *In der Geschichte gibt es nichts Willkürliches*[115] und *[I]n der Weltgeschichte gibt es keinen Stillstand*[116]. In der Geschichte ringen, vereinfacht formuliert, Neues und Altes miteinander: einerseits Phasen eines ruhig dahinfließenden «Stroms der Zeit» und Zeiten der Verlangsamung und Erstarrung, andererseits Phasen dynamischer Zeitbeschleunigung, der «fliegenden Zeit», in der das Pendel eindeutig zugunsten des «Neuen» auszuschlagen scheint.

Dieses Interpretationsmodell von Geschichte, das wichtige

Anreger hatte – Herder, Novalis, Görres, Friedrich Schlegel und Adam Müller –, ermöglichte Eichendorff eine anschauliche Beschreibung der letzten Phase geistlicher Herrschaftspraxis in Deutschland: *Die allgemeine Erstarrung in den welthistorischen Formen der Hierarchie überhaupt schien auch die geistlichen Regierungsformen, gleichsam das Alte mißgünstig verwahrend, mit einer Eisdecke zu überziehen, welche die Anmaßung einer oft vorwitzig übereilten Zeit und die Frühlingsstrahlen einer sich allmählich entwickelnden höheren Intelligenz gleich spröde von sich abwies.*[117] Einen solchen Zustand der Erstarrung, der gleichermaßen durch Misswirtschaft und reaktionäre *Unempfänglichkeit für alle Neuerungen*[118] den Zeitstrom vergeblich zu verlangsamen suchte, verteidigt Eichendorff nicht. Eichendorffs Kritik an einem auf wirtschafts- und machtökonomischen Grundsätzen ausgerichteten modernen Staatswesen trifft das Selbstverständnis einer Staatsmaschinerie, die auf der einen Seite gegen ihre vermeintlichen Gegner restriktiv verfährt – als Obrigkeitsstaat –, auf der anderen Seite aber militärisch und ökonomisch im eigenen Interesse Modernisierungsprozesse vorantreibt und die Staatsverwaltung in der Logik der Restauration zwischen 1815 und 1848 auf diese beiden Strategien hin ausrichtet: nach *bloß mechanischen Grundsätzen, welche die handgreiflichen Staatskräfte [...] anatomisch zergliedern und abzählen, und durch ein simples Additionsexempel sodann die wirkliche Summe der Nationalkraft gefunden zu haben meinen.*[119] Eichendorff spürt die zentralistischen Elemente dieses auf dem *Recht der Stärke*[120] basierenden Staats- und Machtprinzips, wenn er schreibt, *daß die Einheit nicht in der Gleichförmigkeit der Verwaltung und in sittlicher Verschmelzung, sondern in der wechselseitigen Anerkennung und festen Ineinanderverschlingung der mannigfaltigen Eigentümlichkeit besteht*[121], und so für regional-föderale Staats- und Verwaltungsstrukturen plädiert – ganz auf der Linie der Stein'schen Reform und vieler hoher Beamter in den preußischen Provinzverwaltungen. Und noch eine kritische Replik des Neuen aus der Perspektive des Alten gestattet sich Eichendorff, indem er mit Blick auf die *doch immer unzureichende Armentaxe in England*, dem liberalistischen Orientierungsmodell par excellence, sozialpolitische Konsequenzen angesichts der um sich greifenden Verarmung skizziert und zu Recht herausstellt, dass von der *Klasse der reichen Kapitalisten*[122] keine Hilfe zu erwarten sei.

Eichendorffs Probearbeit war weit mehr als eine juristische Pflichterfüllung. Sie wurde zu einer Selbstdarstellung des souverän formulierenden, gebildeten, geschichtsbewussten künftigen Staatsbeamten und stellt aus heutiger Sicht eine wichtige Quelle für Eichendorffs historisch-politische Auffassungen dar. Es entsprach reformerischem Selbstverständnis, wenn Eichendorff seine Schrift mit der programmatischen Bemerkung schloss: *Vor dem Neuen schützt […] keine chinesische Mauer mehr*, daraus aber ein politisches Handlungsprinzip ableitete, das den Geist der administrativen Reformbewegung umgriff: *Es ist daher an uns, das Neue […] scharf und unverzagt ins Auge zu fassen und, wo es lügenhaft befunden, auch auf dem Boden der Wissenschaft zu bekämpfen.*[123]

Mit dem Gutachten über Eichendorffs Probearbeit wurde Johann Heinrich Schmedding beauftragt, der aus Münster stammende, katholische, vom Operpräsidenten der Provinz Westfalen, Ludwig Vincke, ins Berliner Innenministerium vermittelte Kirchenrechtler und Jurist, Mitglied der Königlichen Ober-Examinations-Kommission und zuständig für Schul- und Kirchenangelegenheiten der katholischen Minderheit in Preußen. Er bestätigte, beeindruckt durch die Darstellung, dass ihr Verfasser «von der allgemein wissenschaftlichen Bildung» ein «rühmliches Zeugnis» abgelegt habe, «zu den angenehmsten Erwartungen betreff künftiger Leistungen berechtigt».[124] In der Prüfung bescheinigte Schmedding dem Kandidaten «eine gute Beurteilung, gute allgemeine Bildung und gute Kenntnisse der Gesetze und Verfassung» und hielt ihn geeignet «zur Verwaltung einer Ratsstelle bei einem Regierungs-Collegio».[125]

DIE «PREUSSISCHE WIRTSCHAFT»

Über Schmedding wurde Karl Freiherr von Stein zum Altenstein, prominenter Reformer und nach Errichtung des Kultusministeriums 1817 erster preußischer Minister für geistliche-, Unterrichts- und Medizinalangelegenheiten, auf Eichendorff aufmerksam, der nach bestandenem Examen im November 1819 eine unbezahlte Assessorstelle in Breslau angetreten hatte. Altenstein wies ihm im Dezember 1820 «die mit dem […] Amte eines katholischen Konsistorial- und Schulrats verbundenen Geschäfte» zu, «die Kirchen- und Schulangelegenheiten dieser Konfession betreffend, bei

Karl Freiherr von Stein
zum Altenstein (1770–1840)

dem Königlichen Oberpräsidium, wie auch Konsistorium der Provinz Westpreußen» [126] mit Sitz in Danzig. Sein Vorgesetzter wurde der Oberpräsident Theodor von Schön. Für Eichendorff war mit der Ratsstelle zweierlei verbunden: Zum einen verbesserte sich seine finanziell prekäre Situation; denn mit dem Amt war ein Salär von zwei Reichstalern pro Tag verknüpft. [127] Zum anderen gehörte er von nun an zumindest informell zum Beamtenkreis um Altenstein, welcher dem König Eichendorff als «Mann von bestem Rufe und feiner, auch wissenschaftlich gediegener Bildung» zur Einstellung vorschlug und den möglichen konfessionellen Hinderungsgrund mit der zutreffenden Bemerkung ausräumte: «Er ist katholisch und hält die Gebräuche seiner Kirche ohne Schwärmerei und beengende Unduldsamkeit.» [128] In Danzig blieb Eichendorff vom 1. Mai 1821, dem Tag der Amtseinführung, bis 1824. Da er Ende Mai auch für die Bezirksregierung in Marienwerder zuständig wurde, gehörten bald unbequeme Dienstreisen zum Alltag. Die Familie wohnte im Zentrum Danzigs; die Sommer-

Danzig,
das Rathaus.
Farblithographie,
um 1820,
von J. Bergmann
nach Domenicus
Quaglio

monate verbrachte sie auf Gut Silberhammer in der Nähe der Stadt, das dem Grafen Fabian von Dohna gehörte.

Als Vertrauter Schöns erhielt Eichendorff von 1821 an Einblicke in die Herrschaftspraxis eines Oberpräsidenten, der seine Machtsphäre sorgfältig gegenüber dem Einfluss der Berliner Ministerien abzuschirmen verstand und der, 1824 zuständig geworden für Ost- und Westpreußen, eine eigene liberale Politik entfaltete. Schön war eine Mischung aus Landesvater, Provinzfürst, Patriarch und oberster Autorität, Reformer der ersten Stunde und Kantianer, der Kant in Königsberg noch selbst erlebt hatte, zugleich einer der eigenwilligen Charakterköpfe, mit denen Preußen in der ersten Hälfte des 19. Jahrhunderts so reich gesegnet war. Heute würde man in ihm einen Prototyp des politischen «Querdenkers» sehen, der, unbeugsam und mutig bis an die Grenze der Rebellion gegen den König, sich zuletzt mit fast allen, nur nicht mit Eichendorff, überwarf. Ihm blieb er zeitlebens eng verbunden. Je besser er Eichendorff kennen lernte, desto offener vertraute er sich ihm an. Diese Freundschaft unter Männern in unterschiedlichen Positionen der ständischen und administrativen Hierarchie, eine Freundschaft auf der Basis unterschiedlicher Temperamente und Weltanschauungen, war vielleicht gerade deshalb so dauerhaft und auf eigentümlich paradoxe Weise so herzlich-distanziert.

Theodor von Schön, 1773 in Schreitlaugken bei Tilsit geboren, 1856 in Arnau bei Königsberg gestorben; studierte bei Kant in Königsberg; seit 1793 im preußischen Staatsdienst, engagierter Reformer an der Seite des Freiherrn von und zum Stein, 1816 Oberpräsident von Westpreußen, als preußischer Oberpräsident seit 1824 zuständig für West- und Ostpreußen; schied 1842 nach jahrelangen Spannungen mit der Berliner Zentralregierung aus dem Amt; Rückzug nach Arnau.

Schön, der Eichendorff schon nach wenigen Wochen für «einen so unterrichteten, klar sehenden und [...] guten Mann»[129] hielt und ihn bei Altenstein für die Stelle «eines Regierungsrates als katholischer Rat»[130] beim Oberpräsidium in Danzig vorschlug, erweiterte Eichendorffs Zuständigkeit auch für die Bezirksregierung Marienwerder, sodass dieser nun einen erheblichen Teil katholischer Schul- und Unterrichtsangelegenheiten der gesamten Provinz zu bearbeiten hatte. Im September 1821 erfolgte Eichendorffs Ernennung zum Regierungsrat bei einem Jahresgehalt von 1200 Reichstalern. Übrigens hatte Schön Minister Altenstein die missliche Situation seines Beamten mit deutlichen Worten geschildert: «Seine häusliche Lage ist sehr beschränkt; ich kann pflichtgemäß versichern, dass er bei seinen Verhältnissen als Familienvater mit den ihm bewilligten Diäten von 2 rt. [Reichs-

Theodor von Schön, um 1830

71

talern] an diesem so überaus theuren Orte nicht auszukommen vermag und daß er sich deshalb in dringender Verlegenheit findet.» [131] Zu diesem Zeitpunkt hatte Eichendorff bereits für vier Kinder zu sorgen. Am 9. Mai 1817 wurden Therese, Eichendorffs erste Tochter, und am 19. April 1819 Rudolf, der zweite Sohn, geboren; eine zweite Tochter, die am 6. Januar 1821 geborene Agnes Clara, starb im April 1822. Bedrückend war für Eichendorff, dass Einnahmen aus dem einzig verbliebenen Familiengut, dem landwirtschaftlichen Betrieb im mährischen Sedlnitz, nur spärlich flossen oder ganz ausfielen, weil er Forderungen der Miteigentümer zu erfüllen hatte. Nach dem Tode des Vaters verwaltete er Sedlnitz, teilte sich aber mit seinem Bruder Wilhelm und den Onkeln Vinzenz und Rudolf den ohnehin spärlichen Gewinn. Stutzer, der die Geschichte der Eichendorff'schen Güter akribisch rekonstruierte, hat an der Wirtschaftspraxis des Dichters die «betriebswirtschaftlichen Tugenden der Vorsicht, des Verständnisses für schonende und nachhaltige Bewirtschaftung und der Risikoverteilung» hervorgehoben, «die seinem Vater völlig gefehlt» [132] hätten. Sedlnitz war im Übrigen für die seit 1813 voneinander getrennten Brüder öfter ein Grund, den Briefkontakt wieder aufzufrischen. Zweimal sorgten Gutsangelegenheiten für ein Treffen: 1838 in Wien und 1845 in Sedlnitz, der letzten Begegnung beider Brüder.

Für Eichendorff begann zu Anfang der zwanziger Jahre eine arbeitsreiche Zeit. Das Schreiben fiel mitunter schwer. *Mir läßt mein Amt jetzt leider nicht viel Muße zum Dichten,* klag-

Eichendorffs Onkel Rudolf von Eichendorff (1767 – 1845). Wachsbild-Miniatur

te er in einem Brief, beurteilte aber, selbstbewusst und in Schreib-
projekten erfahren, die Aussichten entschieden positiver: *Doch die
Zeit gibt immer mehr Fertigkeit und die größere Fertigkeit dann wieder
mehr Zeit, und so hoffe ich mich wohl noch leidlich einzurichten.*[133] Schön
nahm ihn voll und ganz in Anspruch; denn auch in religiösen und
kirchlichen Angelegenheiten entwickelte der Oberpräsident besondere Ansichten. Er betrieb Kirchenpolitik auf eigene Faust und
stieß unweigerlich nicht nur mit dem Berliner Ministerium, sondern auch mit jenen katholischen Repräsentanten zusammen, die
den ihnen eben gewährten Spielraum auszuloten versuchten, wie
dem ermländischen Fürstbischof Joseph Prinz von Hohenzollern-
Hechingen in Westpreußen. Dieser wehrte sich nach Kräften, hatte
er doch an den mühseligen Verhandlungen zwischen Staat und Kirche über die Folgen der Säkularisation teilgenommen. Mit Schön
aber geriet er an einen Gegner der Berliner Konfessionspolitik, gegen den er sich auf Dauer nicht durchsetzen konnte. Dass er den
Katholiken Eichendorff auf seine Seite ziehen wollte, war unter solchen Bedingungen durchaus verständlich. Aus dem Jahre 1824 –
Schön war gerade Oberpräsident für Ost- und Westpreußen geworden, sein Macht- und Einflussbereich hatte sich erheblich erweitert
– ist ein Brief Hohenzollerns überliefert, der Eichendorff für den
Plan auf «Errichtung eines katholischen Pfarrsystems in Marienwerder» gewinnen sollte: «Wie Ihr edles, frommes Herz für Gottes
Sache glüht, wie gern Sie in der Erweiterung des Reiches Jesu arbeiten […], ist mir ja sattsam bekannt»[134], schmeichelt er Eichendorff.
Dass er ihn schätzte – als Katholiken, Dichter und Schöns Attacken
abfedernden Beamten –, hatte er 1823 dem Braunsberger Gymna-
sialdirektor Heinrich Schmülling gegenüber offenherzig bekannt:
«Herr von Eichendorff ist einer der geist- und gemütvollsten Menschen, die ich kenne, dabei ein treuer, eifriger katholischer Christ
und ein ausgezeichneter Dichter, er ist mein Freund und mein bes-
ter Umgang allhier, er hat mir bei der Regierung schon manches
glücklich durchfechten helfen.»[135] Aber Eichendorff blieb Schön
gegenüber loyal, ohne sich dessen philosophische und weltan-
schauliche Maximen politischen Handelns zu Eigen zu machen.

Inzwischen waren in den Streit zwischen Staat und Kirche
im Ermland auch Berliner Stellen involviert. Schon 1823 hatte
Schmedding, in Altensteins Ministerium für katholische Angele-

genheiten zuständig, vor Ort die Lage sondiert. In Berlin aber vertrat ihn Eichendorff, auf Vorschlag Schöns und offenbar zur Zufriedenheit Altensteins, der die Umstände nutzte, sich seinerseits über den Stand der Dinge aus erster Hand zu informieren. Soweit sich rekonstruieren lässt, hielt Eichendorffs kritisches Bild von der *außerordentliche[n] Rohheit des Klerus* und von den Klöstern als *barbarische[n] Schlupfwinkel[n] der Trägheit und Unwissenheit* [136] genau jenen Zustand des Umbruchs fest, der nach der Säkularisation die katholische Kirche erfasst hatte. Deren Entfeudalisierung vollzog sich als schmerzhafter Prozess zeitgemäß-moderner Anpassung. Begriffe wie *Rohheit* und *Unwissenheit* verweisen nicht zufällig auf einen aufgeklärten Blick, der sich notwendiger Neuerung nicht verschließt. Gerade daraus sollte sich für die Zukunft eine gestärkte Position der Kirche ableiten. Wie selbstbewusst und schlagfähig ein derart erneuerter Katholizismus sein könnte, sollte sich schon bald im kompromisslosen Streit zwischen Kirche und preußischem Staat um Mischehenfrage und Massenwallfahrt erweisen.

Einen kurzen Berlinaufenthalt 1830 nutzte Eichendorff für seine literarischen Ambitionen; er suchte Kontakt und geselligen Umgang mit Julius Eduard Hitzig, Friedrich von Raumer und den Schriftstellern Willibald Alexis und Adelbert von Chamisso. Vor

Julius Eduard Hitzig.
Holzstich nach einer Zeichnung
von A. von Menzel, 1844

allem Hitzig [137], den Eichendorff seit 1815 kannte, war ihm sehr zugetan und nahm an seinem Werk großen Anteil, indem er den Dichter ermunterte, den *Taugenichts* fertig zu stellen, und in Berlin seine Bekanntheit förderte. Eichendorff kannte den Einfluss Hitzigs, der noch stieg, nachdem Hitzig 1824 die Mittwochsgesellschaft gegründet hatte. Ende 1826 erhielt Hitzig das Manuskript des Geschichtsdramas *Ezelin von Romano* und bemühte sich, freilich vergeblich, im Kreise seiner Gesellschaft Aufführung und

Druck zu forcieren. Aber Friedrich Wilhelm Gubitz, Verleger, Schriftsteller und Publizist, der im «Gesellschafter» Eichendorffs dramatische *Meierbeth*-Satire veröffentlicht hatte, schien am *Ezelin* kein Interesse zu haben, auch wenn der Stoff auf jene gerade viel gelesene und gerühmte «Geschichte der Hohenstaufen» zurückging, die Friedrich von Raumer, ebenfalls Mitglied der Mittwochsgesellschaft, verfasst hatte.

Mit dem Stoff aus dem 13. Jahrhundert war der Autor frei umgegangen. Für Eichendorff war nicht der politische Konflikt um Macht und Herrschaft in Oberitalien von Interesse, sondern eine historische Gestalt, an der er Züge subjektivistischer, den eigenen Untergang provozierender Willkür entdeckte: Hybris, Sendungsbewusstsein und Dämonie. Aber sowohl der Stoff als auch die in ihren Konturen breit ausmalende dramatische Form schienen keine zeitgenössische Wirkung zu entfalten. Obwohl Eichendorff als Geschichtsdramatiker kein Erfolg beschieden war, hat er sich immer wieder mit dieser bei seinen Zeitgenossen sehr populären Gattung beschäftigt.[138]

Zu den bereits von Schön hoch geschätzten Besonderheiten und Vorzügen des ihm assistierenden Oberpräsidialrates Eichendorff gehörte der Umstand, dass dieser nicht nur Beamter, sondern auch Dichter war. Die Bilanz der Danziger und Königsberger Zeit war trotz beschwerlicher Reisetätigkeiten und Wohnungswechsel und trotz permanenter Arbeitsüberlastung für den Schriftsteller Eichendorff positiv. 1824 hatte er seine Satire *Krieg den Philistern* und 1826 seine Novellen *Das Marmorbild* und *Aus dem Leben eines Taugenichts* sowie eine große Zahl von Gedichten veröffentlicht. 1828 folgten die dramatische Satire *Meierbeth's Glück und Ende* und das Trauerspiel *Ezelin von Romano*. Schön hat den von ihm verachteten Beamtentypus, den Gegentyp zu Eichendorff, als einen Schreiber karikiert, der wie ein Schreibautomat funktioniert: «In England heißen solche Leute clerks [Schreiber], in Frankreich employés, commis, beauftragte, berufene Schreiber. Bei uns heißen sie Geheimräte.»[139] Eichendorffs poetische und amtliche Praxis war für Schön gerade in ihrer Einheit eine Garantie dafür, dass sich der Beamte Eichendorff seinen unabhängigen, wachen Standpunkt bewahrte. Schön war einer seiner eifrigsten Leser, zitierte ihn gelegentlich und war noch 1854 stolz darauf, sich in den Tafelliedern, die Eichendorff für die Danziger Liedertafel geschrieben hatte, porträtiert zu finden.[140]

1830 erschien Eichendorffs zwischen 1826 und 1829 entstandenes Trauerspiel *Der letzte Held von Marienburg.* Das Stück war weder ein antipolnisches Tendenzstück noch eine Glorifizierung Preußens. Die im 15. Jahrhundert spielende Geschichte des Grafen Heinrich von Plauen, des letzten Hochmeisters des deutschen Ritterordens auf der Marienburg, gestaltete der Verfasser als Geschichte eines gegen seine ursprünglichen hehren Ritterideale verstoßenden, untereinander zerstrittenen Ordens, der seinen eigenen Untergang provozierte. Plauen, eine historische Figur, hatte zwar nach der Niederlage des Ordens 1410 bei Tannenberg die Marienburg gegen polnische Angriffe verteidigt, aber 1413 bereits enthob ihn der Orden seines Amtes. Im Historiendrama gestaltete Eichendorff zwar, in diesem Punkte Schöns politischen Intentionen folgend, die Marienburg als aktuelles Geschichtssymbol, wendete sie aber im Sinne einer christlich bestimmten Geschichtsdeutung, indem er die historische Aufgabe des Ordens im Zeichen des Kreuzes interpretierte. Der entmachtete Plauen spricht diese Bot-

Marienburg bei Danzig, um 1833/34

schaft in der Schlussszene aus: *So laß den Orden nur zusammenstür-*
zen:/Das Kreutz bleibt stehn, das er gepflanzt im Norden,/Und über's
Graun geht frommer Helden Kunde/Erschütternd fort durch künftige Ge-
schlechter! Eichendorff hatte Plauens Schlussvision nicht allein auf
christliche Heilsgeschichte hin angelegt, sondern das Bild des
Kreuzes mit einem während der Metternich-Ära brisanten politischen Symbol verbunden, mit dem Bild des Eisernen Kreuzes, das
auf die Befreiungskriege zurückverwies: *Die Helden all' aus ihren*
Gräbern geh'n;/Die richten schweigend auf den stillen Höh'n/Ein wun-
derbares Kreutz empor von Eisen/In der gewitterschwarzen Einsam-
keit. –/Da geht ein Schauer durch das Volk der Preußen/Und noch ein-
mal gedenkt's der großen Zeit.[141]

Schön hielt sich selbst nicht wenig darauf zugute, einen gebildeten Poeten im engsten Amtsstab zu haben. Für ihn waren das
Marienburg-Drama und Gelegenheitslyrik, wie dem 1822 in histo-
rischem Kostüm beim Besuch des preußischen Kronprinzen auf
dem Marienburger Schloss vorgetragenen Gedicht *Der Liedspre-*
cher[142], gleichsam dienstliche Aufträge. Sie sollten dazu dienen, in
Preußen eine dem Reformgeist verpflichtete literarische Denk-
malskultur zu fördern und die
unter Schön wiederhergestellte
Burg als eine Art preußisches
Kollektivsymbol zu verbreiten:
die Wiederaufrichtung der Marienburg aus dem Geist der Poesie.[143] Eichendorff hat an diesem
Teil seiner Rolle am wenigsten
Anstoß genommen. Er war einer jener «Dichterbeamten»[144],
die keineswegs davon träum-
ten, als freie Schriftsteller vom
Schreiben zu leben. Die poetische Produktion – nicht dilettie-
rendes Verseschmieden, son-

«Der Fabrikautor». Karikatur
aus C. F. T. Voigts «Triumph des
deutschen Witzes»

dern arrivierte Schriftstellerei – war ein privilegierender Ausweis der Befähigung fürs Staatsamt. Das galt schon für Goethe und später ebenso für Hoffmann, Eichendorff und noch für Gottfried Keller und Theodor Storm. Ihnen allen waren diejenigen suspekt, die vom Zeilen- und Buchhonorar leben mussten und sich mit Haut und Haar dem Markt auslieferten. Jeder von ihnen hat auf seine Weise die Beamtenexistenz als ein öffentliches Wirkungsfeld, keineswegs aber als unbedeutenden, ungeliebten Broterwerb angesehen. Dass schriftstellerische Qualitäten bei Bewerbungen um ein Staatsamt noch besondere Beachtung fanden, darauf hatte 1828 auch Heinrich Heine gerechnet, als er sich, schließlich am König scheiternd, an der Universität München um eine Professur bewarb. Die Schriftsteller empfanden das «Doppelleben»[145] eines Autors und Staatsbeamten schon deshalb nicht als Belastung, weil sie ihre Freiheit zu schreiben nicht eingeschränkt sahen, während die Marktabhängigkeit des Berufsschriftstellers als entfremdende Lohnschreiberei angesehen wurde.

Eichendorff wurde zu einem Zeitpunkt Staatsdiener, als sich der Reformflügel aus der Defensive heraus neu zu formieren versuchte. Und er schied 1844 aus dem Dienst, als sich abzeichnete, dass der Kampf des Reformbeamtentums endgültig verloren war. Schon unter diesen Aspekten war das Leben des Verwaltungsbeamten Eichendorff alles andere als ein langweiliges Dasein inmitten von Papierstaub und Aktenbergen. Wie kaum ein anderer in der Position eines Regierungsrates am unteren Ende des höheren Verwaltungsdienstes hatte Eichendorff aufgrund seines weit gespannten Tätigkeitsfeldes jahrzehntelang genaue Einblicke in aktuelle und ungelöste politische Konfliktlagen Preußens. Statt eines den Tag verträumenden Dichters fand sich in den Amtsstuben ein informierter, wacher, politisch bewusster, zu unabhängigem Urteil befähigter Beamter ein, jemand mit eigenem Standpunkt. Schon die Zuständigkeit des Regierungsrats Eichendorff für katholische Angelegenheiten bot Zündstoff genug. Er war der «katholische» Rat innerhalb des Regierungskollegiums, was faktisch einer Ausnahmestellung gleichkam und ihn sogleich von der üblichen Beförderungspraxis ausschloss. Für die katholischen Instanzen und ihre Repräsentanten, vom Pfarrer bis zum Bischof, verkörperte Eichendorff indes den preußischen Staat. Zu regeln waren staatliche

und kirchliche Kompetenzen, von der Aufsicht über das Schulwe-
sen bis zur Neuordnung von Pfarreien und Bistumsgrenzen, vom
Priesternachwuchs bis zu Zivilehe und «Mischehe» von Partnern
unterschiedlicher Konfessionen. Nicht nur das Verhältnis von Institutionen zueinander, sondern auch das des Staates und der Kirche zum einzelnen Bürger, zu seinen Rechten und Pflichten sowie
seinen Ansprüchen auf Bildung und Entfaltung der Persönlichkeit,
standen zur Disposition. Eichendorff gehörte keineswegs zu denen,
die von der Allmachtsphantasie besessen waren, in preußischen
Amtsstuben emsig an einer vernünftigen Weltordnung zu arbeiten. Sein Gedicht *Der Isegrimm* [146]
verspottete *das große Tret-Rad*
Bürokratie und deren Obsession.

    Es entsprach dem Naturell
des Oberpräsidenten Theodor
von Schön, Eichendorffs Vorge-
setzten, dass er das Gedicht *Isegrimm* besonders schätzte; denn
er gehörte zu den populärsten
Kritikern der Berliner Bürokratie, mit der er jahrzehntelang im
Streit lag.

    Als Dichter und Beamter
wurde Eichendorff im literarischen und politischen Berlin in
den zwanziger Jahren zunehmend bekannt, auch wenn er nur
vorübergehend in die Stadt kam.
Hier traf sich auf Initiative von
Julius Eduard Hitzig, einem um-

Der Isegrimm

Aktenstöße Nachts verschlingen,
Schwatzen nach der Welt Gebrauch,
Und das große Tret-Rad schwingen
Wie ein Ochs, das kann ich auch.

Aber glauben, daß der Plunder
Eben nicht der Plunder wär',
Sondern ein hochwichtig Wunder,
Das gelang mir nimmermehr.

Aber andre überwitzen,
Daß ich mit dem Federkiel
Könnt' den morschen Weltbau stützen,
Schien mir immer Narrenspiel.

Und so, weil ich in dem Drehen
Da steh' oft wie ein Pasquill,
Läßt die Welt mich eben stehen –
Mag sie's halten, wie sie will!

HKA I/1, S. 92 f.

triebigen Juristen und Kriminalschriftsteller, allwöchentlich die
bis 1856 existierende Mittwochsgesellschaft, ein exklusiver literarischer Verein, der regelmäßig mittwochs Lesungen, Lese- und Lie-
derabende veranstaltete und bald einen Teil der politischen und
kulturellen Elite um sich versammelte, Vertreter des Staates und
der Justiz, Verleger, Künstler und Schriftsteller, wie Chamisso, Alexis, Gubitz, Karl August Varnhagen von Ense und Eichendorffs Kol-
legen Friedrich Stägemann, Poet und einflussreicher Staatsbeamter.

Berliner Kaffee- und Lesestube.
Gemälde von Gustav Taubert, 1832

Seit 1824 als Oberpräsidialrat an Schöns Seite und von diesem über dreißig Jahre lang als Freund empfunden, erlebte Eichendorff unmittelbar die persönliche wie institutionelle Dimension des Konfessionsstreits mit. So blieb es nicht aus, dass er in Berlin allmählich als Parteigänger Schöns galt, wenigstens als eine Person aus dessen engstem Umfeld, zumal Schön Eichendorffs Amtsgeschäfte immer mehr auf seinen eigenen Geschäftsbereich verlagert hatte. Eichendorff war über lange Zeit Schöns alltäglicher Gesprächspartner, daher auch in manche Winkelzüge und Pläne des agilen Oberpräsidenten eingeweiht. Er konnte jedoch umso mehr seine Unabhängigkeit wahren, als er gerade darin Schöns Bild vom preußischen Reformbeamten entsprach. Schön hasste, wie öffentlich bekannt, Servilität, Opportunismus und Standpunktlosigkeit. «Gegen die Sklavengesinnungen unter den Staatsdienern kämpfte er Zeit seines Leben.»[147] Wie weit Eichendorffs tatsächlicher Einfluss auf Entscheidungsprozesse reichte, das steht auf einem anderen Blatt. Auch ist anzunehmen, dass Schöns Verhärtung in der Kirchen- und Konfessionspolitik ihn zunehmend belastete, da sich auch nach Jahren keine Lösung abzeichnete.

Unter solchen auf Dauer unbefriedigenden Bedingungen war es nur folgerichtig, dass Eichendorff – wie noch so häufig in den Jahren bis zur Pensionierung 1844 – Auswege überlegte. Eine Versetzung auf eine frei gewordene Stelle als katholischer Regierungsrat im preußischen Rheinland – eine Versetzung also ins gleiche Amt – scheiterte 1827 trotz Altensteins Vermittlung.[148] Aus Königsberg fortzukommen wurde für ihn zur beherrschenden Idee. Diese Gefühlslage gibt ein Brief an Görres aus dem Jahre 1828 wieder, in dem Eichendorff um Hilfe bei der Vermittlung einer Tätigkeit in Bayern bat. In schütterer Prosa berichtete Eichendorff seine Laufbahngeschichte bis zur Königsberger Oberpräsidialratszeit und zog Bilanz: *Euer Hochwohlgeboren kennen [...] die Preußische Wirtschaft so gut wie ich. Ich habe ehrlich gekämpft, so gut ich's vermag, aber ich bewege mich hier wie in Feßeln, ohne Hoffnung lohnenden Erfolgs u. sehe mit Gewißheit voraus, mich in diesem Verhältniße nicht lange mehr halten zu können.*[149] Zwei Jahre später wandte sich Eichendorff an Altenstein mit der Bitte um Versetzung in dessen unmittelbaren Berliner Amtsbereich. Dabei führte er seine Amtszeit *in einem der schwierigsten Dienstverhältnisse* an, seine finanzielle Lage, seine Isolation in Ostpreußen und *das, fast allen Fremden gefährliche, Klima Preußens.*[150] «[N]ahe der Schneegrenze»[151] lebend, erschien ihm Königsberg zeitweilig wie eine sibirische Verbannung. Was Altenstein anbot, war nicht besonders viel, und war doch ein Entgegenkommen. Er verfügte im Juli 1831 eine kommissarische Abordnung nach Berlin und mutete Eichendorff sofort einen diffizilen Gutachtenauftrag zum Streit Schöns mit dem ermländischen Fürstbischof zu.[152] Aber er setzte sich immerhin dafür ein, dass Eichendorff, den er trotz seines Vertrauens in dessen unabhängige, loyale Arbeit nicht ohne Grund zum engeren Kreis Theodor von Schöns zählte und damit zu einem gerade vom König wegen seiner Kirchenpolitik gerügten Staatsbeamten, zumindest vorübergehend nach Berlin kommen konnte – um sich hier persönlich nach Alternativen in der Bürokratie umzusehen. Eine Versetzung in Altensteins Ministerium jedenfalls war nicht vorgesehen.

BERLINER JAHRE

Als Eichendorff 1831 nach Berlin kam, begannen dreizehn Jahre einer provisorischen Existenz und schwierigster beruflicher Konstellationen bis zu seiner Pensionierung 1844. Es gab nicht einmal ein förmliches Versetzungsverfahren, sodass er damit rechnen musste und dies auch einkalkulierte, jederzeit nach Königsberg zurückgeschickt zu werden. Je länger aber das Berliner Provisorium dauerte, desto mehr verstand er die drohende Rückkehr als demütigende Schmach. Eichendorff hatte die Sicherheit, die ihm die Beamtenexistenz bot, für Berlin aufs Spiel gesetzt. Er konnte aufgrund Altensteins reserviert abgefasster Zustimmung nicht ernsthaft damit rechnen, bald als Regierungsrat im Kultusministerium eine Stelle zu erhalten. Worauf er allerdings zu Recht hoffen konnte, war eine unbefristete Verlängerung des provisorischen Zustands, der Eichendorff zu Hilfstätigkeiten in verschiedenen Funktionen verpflichtete, ihm aber eigene Entscheidungs- oder kollegiale Mitentscheidungsbefugnisse verwehrte. Auf Provisorien nämlich verstand sich Altenstein, der mit Lavieren und Taktieren und scheinbarer Passivität die Reste der großen Reformideale zu retten versuchte.

Eichendorffs erste Tätigkeit führte ins Außenministerium des Grafen Bernstorff und brachte ihn mit dessen Kreis zusammen, zu dem neben Nicolovius und Eichhorn, 1840 Nachfolger Altensteins im Kultusministerium, auch Julius Hitzig gehörte. Eine Anstellung im Außenministerium fand er allerdings nicht. Und so setzte er das Provisorium fort und geriet in jenes Kollegium, das aus drei Ministerien (dem des Äußeren, des Inneren und des Kultusministeriums) bedient wurde und am unbeliebtesten war: das Oberzensurkollegium. Eichendorff wurde sogar in diesem Kollegium jahrelang wie ein Aushilfsbeamter beschäftigt und mit Arbeit eingedeckt, aber ohne Stimmrecht und daher ohne großen Einfluss. Die Situation änderte sich auch nach Altensteins Tod zunächst nicht. Vielmehr war Eichendorff gezwungen, gegen die drohende Rückkehr nach Königsberg entschieden aufzutreten, bis hin zum König. Im April 1841 zum Geheimen Regierungsrat beim Oberzensurkollegium ernannt, musste er diese Aufbesserung seiner Lage sogleich mit faktischen Gehaltseinbußen von fast 300 Reichstalern bezahlen: ein Einkommensverlust, der angesichts von Teuerungen zu Beginn der vierziger Jahre gerade in Großstädten wie Berlin besonders schmerzhaft war. Eichendorff hielt die Situation für so dramatisch, dass er sie dem König schilderte. Die Kürzung habe ihn *nach dreißigjähriger treuer Dienstzeit* hart getroffen: *Selbst ohne eigenes Vermögen, habe ich von meinem Gehalte zwei noch unversorgte Söhne zu erhalten, und müßte daher mit ungewohnten Sorgen und Kummer in die Zukunft blicken, wenn mir nicht wenigstens meine bisherige Einnahme von 2300 rthlr. belaßen werden könnte.*[153] Das Ausscheiden Schöns als Oberpräsident – er hatte gerade noch angeregt, Eichendorff mit einer Schrift über die Wiederherstellung der Marienburg zu beauftragen – verschärfte die Isolation in Berlin noch mehr. Am 10. August 1843 stellte Eichendorff sein erstes Pensionierungsgesuch und schied am 1. Juli 1844 aus dem Staatsdienst aus.

In Berlin führte Eichendorff zwar kein zurückgezogenes, aber mit zunehmendem Alter ein familiär geprägtes Leben. Die Lubowitzer Jugendzeit mit ihrer erfüllten Sinnlichkeit, Lebenslust und Freizügigkeit lag weit zurück. Der Alltag in Berlin war alles andere als sorgenfrei. Gleich das erste Jahr wurde überschattet vom Verlust des fünften Kindes, der im Oktober 1831 geborenen und schon im März 1832 gestorbenen Anna Hedwig. Ihren Tod reflektiert der Dichter im Gedichtzyklus *Auf meines Kindes Tod*[154] als existentielles Erlebnis des Schmerzes, der Einsamkeit und Zerrissenheit. Eichendorff war seit der Heirat immer mehr ein «Familienmensch» geworden. Sein Verhältnis zu Luise war in den Jahren gemeinsam getragener Entbehrungen stets stabil geblieben; die Liebesheirat erwies sich als Fundament ehelicher Harmonie.

Der Reflexionshorizont von Literatur kann das Bewusstsein des Autors zuweilen deutlich übersteigen. Eichendorffs Auffassungen vom «Geschlechterkampf» und von der gesellschaftlichen Rolle der Frau haben mit der Plastizität und Komplexität mancher seiner literarischen Frauenfiguren – Romana in *Ahnung und Gegenwart*, Juanna in *Dichter und ihre Gesellen* und Diana in der *Entführung* – im Kern nichts gemein. Nicht die Lebenspraxis und Sinnenfreude des jungen Landadligen, sondern der Alltag des Dichters und Beamten samt der Akzeptanz patriarchalischer Normen spiegeln sich im Frauenbild wie in der Wertschätzung der Familie. Sie sind Indizien für eine «Verbürgerlichung» des Alltagsbewusstseins. In seinem Essay *Die deutsche Salon-Poesie der Frauen* hat Eichendorff seine gegenüber dem frühromantischen Frauenbild eines Friedrich Schlegel konservativen Positionen zur Rolle der Frau in Familie, Kultur und Gesellschaft erörtert. *Es besteht ein eben so alter, als wunderlicher Streit über den Bildungsberuf der Frauen. Die Einen wollen sie nur mit der Spindel und dem rasselnden Schlüsselbund, nur im Wochenbett und in der Kinderstube dulden, während die Andern, auch hier dem planirenden Principe unbedingter Freiheit und Gleichheit huldigend, ihnen Tribünen, Katheder, ja, Schlachtfelder öffnen und die ganze Fluth der Zeitbildung gegen sie loslassen möchten, um den mittelalterlichen Rost, wie sie es nennen, von ihnen abzuwaschen.*[155] Die Dichotomie der Geschlechterrollen ist für Eichendorff eine ebenso natürlich wie religiös legitimierte Rollenzuweisung. Daraus war die primär an die familiäre Ordnung gebundene Geschlechterrolle der Frau für Eichendorff hinlänglich begründet.

Bei aller Klage über das Berliner Beamtenleben Eichendorffs, seine Rolle als «Dichterbeamter» spielte er in den dreißiger Jahren erfolgreich weiter, in der Mittwochsgesellschaft ebenso wie in Berliner Salons und im Kulturleben der Metropole. Ein zweiter Roman erschien, *Dichter und ihre Gesellen.* Eine Reihe von Erzählungen entstand. 1837 kam das erste Gedichtbuch heraus: eine umfangreiche, umfassende Sammlung seiner Lyrik aus dreißig Jahren. Eichendorffs Lieder, von Mendelssohn Bartholdy, Schumann und vielen anderen vertont, fanden immer größere Verbreitung in der bürgerlichen Musikkultur mit ihren Chören, Gesangvereinen, Liedertafeln, Hausmusikabenden und Konzerten.

Aber die Zeit der preußischen Dichterbeamten neigte sich dem Ende zu, je weniger von der Reformidee übrig blieb. Auf der politischen Bühne agierten Figuren mit verblüffendem Erfolg, die, wie der Innenminister von Rochow und seine Chargen, ganz und gar nicht am schreibenden Beamten interessiert waren, ihn vielmehr für verdächtig hielten, eigene Urteile zu fällen und entsprechend Position zu beziehen. Auch Eichhorn, Altensteins Nachfolger, wünschte eine mechanisch funktionierende Beamtenschaft. In ihr hatte Eichendorff nichts mehr verloren. Da fiel nicht ins Gewicht, dass Eichhorn den Beamten Eichendorff persönlich schätzte. Der zweite Mann hinter Eichhorn, der von ihm protegierte Gerd Eilers, urteilte 1849 über die Aktivitäten des Ministeriums Altensteins: «Auf dem Gebiete der Wissenschaft, der Kirche und der Schule [...] ist der Samen revolutionärer Bewegungen unter dem Ministerium Altenstein ausgestreut und noch vor 1840 zu einem, alle gute Ordnung entkräftenden Unkraut heran gewuchert.»[156]

Die Enge und Einseitigkeit dieses Urteils war symptomatisch für den Paradigmenwechsel zum obrigkeitsstaatlichen preußischen Beamtensystem 1840, für den Autoritarismus des neuen Beamtenregiments, in dem Eichendorff schon vor seiner Pensionierung wie ein Fossil aus grauer Vorzeit erschien. Eichendorff war 1831 nach Berlin gekommen, als im reformorientierten Bernstorff-Kreis, beraten durch den Hamburger Verleger Friedrich Perthes, Pläne für eine Zeitschrift entwickelt wurden, die als publizistisches «Steuerungsinstrument der herrschenden Bürokratie» um «Zustimmung für die eigene Politik» werben sollte[157]. «Die preußische Regierung muss hinaus in die Öffentlichkeit»[158], behauptete Perthes. Er hatte zunächst Varnhagen von Ense ins Auge gefasst, dessen Liberalität er aber mehr schätzte als der Berliner Beamtenzirkel. Im Bernstorff-Kreis wurde deshalb ein anderer favorisiert, der seit 1825 an der Berliner Universität lehrende Historiker Leopold Ranke, dem man sich wegen seiner Nähe zur historischen Schule verbunden glaubte. Im September 1831 informierte Bernstorff auch Altenstein über die geplante Gründung der «Historisch-Politischen Zeitschrift». Eichendorff sollte aktiv einbezogen werden, so Bernstorff mit einem ausdrücklichen Verweis auf dessen «mehr als gewöhnliche allgemeine Bildung»[159].

Eine solche Aufgabe hätte Eichendorff den Weg zu den inneren Zirkeln des Reformbeamtentums geebnet und ungeahnte Perspektiven eines publizistischen Engagements eröffnet. Unter diesen Bedingungen hätte Berlin für Eichendorff einen Neuanfang seiner Beamtenkarriere bedeuten können. Aber die Bedingungen waren andere. Nicht neue Reforminitiativen standen im Vordergrund, sondern eine Verschärfung des autoritären Kurses. Den reformfeindlichen Kräften passte die gesamte Richtung nicht. Wozu sollte der Staat sich an öffentlicher Meinungsbildung beteiligen, die es zu bekämpfen, nicht bloß zu beeinflussen galt? Rochow hatte dies deutlich formuliert: «Dem Unterthan ziemt es nicht, an die Handlungen des Staatsoberhauptes den Maßstab seiner beschränkten Einsicht anzulegen und sich in dünkelhaftem Uebermuthe ein öffentliches Urteil über die Rechtmäßigkeit derselben anzumaßen.»[160] Das Unternehmen «Historisch-Politische Zeitschrift» erfüllte seine Erwartungen nicht. 1836 zog Ranke daraus die Konsequenz, sein «Blatt blieb ungelesen»[161]. Und Eichendorffs Hoffnungen zerschlugen sich, noch ehe sein Engagement überhaupt begonnen hatte. Von ihm konzipierte Artikel erschienen erst gar nicht.

Seit seinem Abschied von Lubowitz hatte Eichendorf in großen Städten gelebt und urbanes Leben schätzen gelernt; keineswegs zog er ein Leben in der freien Natur und auf dem Lande vor. Er wollte in Berlin bleiben, in dessen Zentrum er mit seiner Familie wohnte und sich gelegentlich Freunde zum Abendzirkel einlud. Seine Ausgaben für Miete, Bedienstete, Schulgeld, Kleidung und Lebensunterhalt hatte er weiterhin exakt zu kalkulieren. Altenstein gegenüber zeigte er sein Interesse an Zensurangelegenheiten mit fast enthusiastischem Selbstlob an: *Meine Schriftstellerei hat mich unausgesetzt mit dem Gange der schönen Literatur, mein Amt mit den Meinungen der verschiedenen Religionsparteien, meine letzte Beschäftigung bei dem auswärtigen Ministerium endlich recht speziell mit den politischen Kämpfen der gegenwärtigen Zeit vertraut gemacht; so daß ich mich schmeicheln darf, auf dem in Rede stehenden Felde der Wirksamkeit vielleicht vor manchem andern nützlich sein zu können.*[162]

Eichendorff war, da die Zensurpraxis den Oberpräsidien zugeordnet wurde, in einem die Aufsicht führenden Kollegium tätig, das zugleich mit Gesetzen und Erlassen in allen Zensurangelegenheiten befasst war. Um seine Vorlagen zur Pressegesetzgebung, die wegen ihrer Liberalität allesamt abgelehnt wurden, zu verstehen, bedarf es einer näheren Erläuterung der preußischen Zensur. Die Ermordung des Schriftstellers August Kotzebue durch einen Studenten im Jahr 1819 hatte den restaurativen Staaten des Deutschen Bundes einen willkommenen Anlass geliefert, die Pressegesetze zu verschärfen und die Meinungsfreiheit wieder einzudämmen. «Da praktisch jede gedruckte Zeile, jedes Bild, jede Lithographie, jedes Aktienformular, jede Anzeige, jedes bedruckte Blatt, jeder Bogen, jedes Buch der Vorzensur unterworfen werden mußten; da rechtlich die Bestimmungen so weit gefaßt waren, da es keine auch nur irgend gesicherte Grenze gab, wie weit die Zensur zu reichen habe, hing die Durchführung zunächst von der personalen Mitgliedschaft des Kollegiums und von der Besetzung der unteren Stellen ab.»[163] Die Zensur wurde ein Polizeiinstrument zur Unterdrückung missliebiger Ansichten, und sie wurde obendrein willkürlich gehandhabt. Damit freilich war ihre Wirksamkeit keineswegs gesichert, denn aus anderen deutschen Ländern ließ sich Buch- und Druckware faktisch ohne größere Mühe oder Risiko auch nach Preußen bringen.

Dass Eichendorff sich nicht aus Staatsräson oder gar aus Opportunität dieser faktischen Unwirksamkeit des gesamten Zensurbetriebs in Preußen entzog, darüber ließen seine Gesetzesvorlagen keinen Zweifel. Sie wurden geschrieben im Bewusstsein, dass Massenmedien Meinungen nicht primär hervorbringen, sondern publizistisch spiegeln. Wer sie zu verbieten trachtet, kann sich nicht in der Illusion wiegen, die Meinung aus der Welt gebracht zu haben: *Gegen solche geistige Influenza aber werden einzelne polizeiliche Palliative, eben weil sie Palliative sind, sich jederzeit unzureichend erweisen*[164]. Das Gegenmittel (Palliativ) der Zensur sei daher nur eine stumpfe Waffe. Was Eichendorff stattdessen vorschlug, musste vor allem denjenigen den Atem verschlagen haben, die sich ein härteres Durchgreifen, eine organisatorische Straffung des Polizeiinstruments Zensur vorgestellt hatten. Die Pressefreiheit werde als Grundprinzip anerkannt, hob Eichendorff hervor und schrieb, es sei *ohne Zweifel die Aufgabe eines vernünftigen Preßgesetzes, genügende Garantien sowohl für die Preßfreiheit als gegen die Preßfreiheit aufzustellen.* Er verwies auf den Artikel 18 der Bundesakte, auf die sich der Deutsche Bund geeinigt hatte. Den Pressemissbrauch wollte er streng auf strafrechtlich zu klärende Fälle beschränkt wissen. Er plädierte im Übrigen für die in Süddeutschland längst gepflegte Praxis, Druckwerke über 20 Druckbogen nicht zu zensieren. Preußen gewänne am Ende durch die *zeitgemäße Liberalität die Meinung und Stimme der ausgezeichnetsten und mit-*

Eichendorffs Entwurf eines Pressegesetzes (1832)

hin Einflußreichsten Schriftsteller, und dies um ein geringes Risiko, denn *die Zensurfreiheit der in Rede stehenden Art von Schriften, im Verhältnis zu jenem Gewinn, sei nur ein geringes Wagnis.*[165] In seinem Gesetzentwurf schrieb er schließlich als ersten Grundsatz: *Das Erscheinen einer Schrift soll in der Regel von einer Genehmigung der Zensur nicht abhängig sein.*[166]

Seine Entwürfe wurden schnell ad acta gelegt; sie hatten von vornherein keine Chance, akzeptiert zu werden. Es ging nämlich nicht um Liberalisierung, sondern um die «strengsten Verschärfungen der Zensur im ganzen Deutschen Bund»[167]. Auf doppelte Weise, bei den Pressegesetzen und bei der Initiative für die «Historisch-Politische Zeitschrift», war Eichendorffs Einstand in Berlin misslungen. Was kam, blieb vergleichsweise harmlose Alltagsgeschäftigkeit – verbunden mit der Hoffnung, das einzigartige Kuriosum doch noch zu beenden, das Kunststück, das nur Eichendorff gelang: Staatsbeamter in einem unkündbaren, aber provisorischen, unsicheren, jederzeit widerrufbaren Amt ohne Entscheidungs- und Entfaltungsmöglichkeit zu sein. Preußens Weg zum Obrigkeitsstaat, der opponierende Gesinnungen verfolgte, war klar vorgezeichnet. Der gebildete, schriftstellernde Beamte war nicht mehr gefragt, als die Schere des Zensors zum Symbol des preußischen Beamtenkonservatismus wurde. Die «verlegene und ängstliche Handhabung der Censur»[168], so Innenminister Rochus von Rochow 1840, habe deren Wirksamkeit verhindert. Als Eichendorff seinen Pensionsantrag stellte, wurde das Oberzensurkollegium neu organisiert, dem Innenministerium unterstellt und entwickelte sich noch stärker als bisher zur repressiven und genuin politischen Zensur, die missliebige Zeitungen und Publikationen unnachsichtig verfolgte. Vor solchem sich verdüsternden Horizont kam Eichendorffs Pensionierung 1844 einer befreienden Tat gleich.

Der spätromantische Schriftsteller

Das hohe Potenzial an Selbstbestätigung im Schreiben gab Eichendorff Kraft für den Berufsalltag, die literarische Arbeit bot genügend Distanz zur öden Mechanik bürokratischer Tätigkeit, bewahrte vor stupider Identifikation mit hölzerner Behördenlogik, gewährte also eine Unabhängigkeit, die kein vom Produktionszwang bestimmter Berufsschriftsteller je erreichen konnte. Es entsprach seinem Selbstverständnis als Schriftsteller, dass Eichendorff schon in der Breslauer Zeit 1816/17 an unterschiedlichen literarischen Projekten gleichzeitig arbeitete, am Erzählfragment *Das Wiedersehen*, an der Satire *Krieg den Philistern* sowie den Erzählungen *Das Marmorbild* und *Aus dem Leben eines Taugenichts*.[169] Als er sich im Juni 1816 für das Referendariat in Breslau bewarb, war er, wie ein Brief an Fouqué aus demselben Monat zeigt, zum Schreiben hochmotiviert, trotz der *wenige[n] Muße*, die er wegen der Examensvorbereitung hatte; er verspürte jedenfalls *eine unwiderstehliche Lust dabei, grade nur das alles, was ich gesehen, gehört und durchlebt, einmal recht keck und deutlich zu frommer Ergötzung wieder darzustellen*[170].

«DAS MARMORBILD»

Vor diesem Hintergrund waren Eichendorffs Klagen, wie in jenem Brief vom 2. Dezember 1817, als er Fouqué die Novelle *Das Marmorbild* schickte, nicht der Ausdruck prinzipieller Unvereinbarkeit zwischen Dichter- und Beamtentum, sondern ein Räsonnement über *die Gegenwart in tausend verdrießlichen und eigentlich für alle Welt unersprießlichen Geschäften*, die den Autor *in die Vergangenheit und in einen fremden Himmelsstrich zu flüchten veranlaßten, zum verzweifelten Spaziergange [...] ins Freie und in die alte poetische Heimath*[171]. Fouqué versicherte seinem «Taschenbuch»-Beiträger denn auch gleich, es sei «kein Aktenstaub» auf die poetischen «Blumen gefallen», und er sei überzeugt, «dass die Prüfung des Geschäftslebens», Beruf und Amt, auf den Dichter «wohltätig [...] einwirken»[172] werde.

Es geht im *Marmorbild*, eingepasst in literarische Symbolsprache und vermittelt über ein anspielungsreiches mythologisches und christliches Bildinventar, um die Erfahrung männlichen sexuellen Verlangens, um die Intensität, die Macht und die Grenzen von Sexualität, schließlich auch um Liebe und Ehe. Florio, der Name des Helden, lässt Eichendorffs Pseudonym Florens noch einmal anklingen. Florio, aber auch Friedrich, Leontin, der Taugenichts sowie Leonhardt und Ludwig im Fragment *Das Wiedersehen* sind jugendliche Protagonisten, die in existentielle Entscheidungssituationen geraten, ihre Wunschträume zu verwirklichen suchen und oft konfliktreich um die Realisierung ihrer Lebenspläne ringen. Im Erzähleingang des *Wiedersehens* ist die Grundstufe jugendlicher Aufbruchsstimmung modellhaft beschrieben: *Es gibt in dem Leben jedes tüchtigen Menschen einen Gipfel, wo die ganze Seele plötzlich vor dem Morgenrot und der unermeßlichen Aussicht umher innerlichst aufjauchzt, wo sie auf einmal erwachend liebt, dichtet, kühne Entwürfe macht und das Größte ernstlich erreichen will, und die Welt langt ihnen überall liebend entgegen und glaubt, was sie versprechen, denn der Rausch der Jugend ist ansteckend und hinreißend.*[173] Im *Marmorbild* wird eben dieser *Rausch der Jugend* zum Thema.

Studien zu Novalis' Roman «Heinrich von Ofterdingen» fielen in die Entstehungszeit. Eichendorffs Erzählung nimmt den Sexualitätsdiskurs romantischer Literatur wieder auf, den bereits Friedrich Schlegels Roman «Lucinde» und Brentanos «Godwi» thematisierten. Das erste Passwort zum Motiv der Verführung und Verlockung liefert Florio selbst, indem er dem Sänger Fortunato von der Sehnsucht berichtet, *wenn der Frühling wie ein zauberischer Spielmann [...] von der wunderschönen Ferne verlockend sang und von unermeßlicher Lust.* Fortunato aber bringt den Spielmann in Verbindung mit dem *Zauberberg [...] aus dem Keiner wieder zurückgekehrt* sei, und schließt mit der Warnung: *Hütet Euch!*[174] Fortunatos Gegenspieler ist der geheimnisvolle Ritter Donati, der Florio immer weiter in die verführerische Venus-Sphäre hineinzuziehen versucht, selbst deren Zauber und sinnlichem Reiz rettungslos erlegen. Von der nächtlichen Begegnung mit einem Marmorbild fasziniert, einer Projektion sinnlichen Begehrens und narzisstischer Selbstfixierung zugleich, verblasst Florios erste flüchtige Begegnung mit Bianka, der *reizende[n] Kleine[n]*, deren *Bild* sich *unmerk-*

lich und wundersam verwandelt in ein viel schöneres, größeres und herr-
liches, wie er es noch nirgends gesehen. Es ist das Bild der marmornen
Venus, auf das er sein sexuelles Verlangen projiziert: *Der Mond, der*
eben über die Wipfel trat, beleuchtete scharf ein marmornes Venusbild,
das dort dicht am Ufer auf einem Steine stand, als wäre die Göttin so eben
erst aus den Wellen aufgetaucht und betrachte nun, selber verzaubert,
das Bild der eigenen Schönheit, das der trunkene Wasserspiegel zwischen
den leise aus dem Grunde aufblühenden Sternen widerstrahlte.[175]

Der Zauber der Venus-Welt spiegelt sich im Bild des *weiten,*
prächtigen Lustgarten[s][176], in Bildern einer merkwürdig gebann-
ten, vor sich hin dämmernden und träumenden, unerlösten Natur: *Hohe Buchenhallen empfingen ihn da mit ihren feierlichen Schatten,*
zwischen denen goldene Vögel wie abgewehte Blüten hin und wieder flat-
terten, während große seltsame Blumen, wie sie Florio niemals gesehen,
traumhaft mit ihren gelben und roten Glocken in dem leisen Winde hin
und her schwankten. Unzählige Springbrunnen plätscherten, mit vergol-
deten Kugeln spielend, einförmig in der großen Einsamkeit.[177] Die Er-
zählkomposition ist strikt nach Oppositionen aufgebaut. So ist es
wiederum ein Lied Fortunatos, das die Auflösung des Venus-Zau-
bers verkündet, indem es in einem dem antikischen Zauber ent-
gegengesetzten christlichen Bildprogramm die Antwort zuspitzt:
Nicht die heidnische Venus, sondern die christliche Madonna soll
zur Perspektivfigur des Lebens werden. Waren die Motive der Verführung und Verlockung an die Gefahren der Dämmerung und
der Nacht geknüpft, so befreit, der polaren Motiv-Komposition
entsprechend, der Morgen Florio aus seinem Bann: *Alle schwiegen,*
die Sonne ging so eben auf vor ihnen und warf ihre funkelnden Lichter
über die Erde.[178]

Florio, der mit dem Stoßseufzer *Herr Gott, laß mich nicht verlo-*
ren gehen in der Welt![179] bereits vorher seine Abkehr von der schönen Geliebten einleitete, kann am Ende nicht nur ein entschiede-
nes *Hier bin ich, Herr!*[180] singen, sondern auch Biankas knabenhafte
Schönheit erkennen, die *wie ein heiteres Engelsbild auf dem tiefblauen*
Grunde des Morgenhimmels[181] aussah. Festzuhalten bleibt, dass
Eichendorffs Novelle mit ihren Symbolen und Zeichen keinem
christlichen Keuschheits- und Entsagungsprogramm das Wort re-
det, sondern die komplexe Psychologie einer Figur in romantischer
Bildersprache aufzuhellen versucht. Vor diesem Hintergrund wer-

den Sexualität und Sinnlichkeit nicht tabuisiert, sondern in einem literarischen Modell des frühen 19. Jahrhunderts thematisiert.

«AUS DEM LEBEN EINES TAUGENICHTS»

Lange Zeit stand *Das Marmorbild* im Schatten jener Erzählung, mit der es 1826 als Buch veröffentlicht wurde, *Aus dem Leben eines Taugenichts*. Eichendorffs Name blieb jahrzehntelang derart eng an die Popularität des *Taugenichts* geknüpft, dass sich beim Lesepublikum das Bild der literarischen Figur mit der des Autors aufs Engste verband. Für die meisten entsprach das Eichendorff-Bild dem, was «Westermanns Monatshefte» 1859 auf die schlichte Formel brachten: «Wer aus solchen Augen die Landschaft anschauen und mit solchem Herzen den poetischen Müßiggang schildern konnte, mußte der nicht der liebenswürdigste Mensch sein?» [182] Erst seit Bekanntwerden autobiographischer Fragmente ist vollends deutlich geworden, dass der Taugenichts und die sich um sein Leben rankenden Glücks- und Erfüllungsmotive eher die Kontrastfolie darstellten, auf der Eichendorff im Zeichen des *Unstern* seine Lebensgeschichte zu erzählen versuchte. [183] Außerdem gehört die Behauptung, der *Taugenichts* sei wegen der Leichtigkeit und scheinbaren Mühelosigkeit des Erzählstils gleichsam in einem Zuge niedergeschrieben worden, ins Reich der Legende. An keinem anderen seiner Werke hat Eichendorff derart lange gearbeitet. Die Erzählung *Das Marmorbild* und die Satire *Krieg den Philistern* wurden vor dem *Taugenichts* vollendet, auf den es zwar seit 1817 erste Hinweise gibt, von dem aber erst 1823 die beiden Anfangskapitel als Zeitschriftenbeitrag erschienen. [184] In Danzig arbeitete der Autor 1821/22 weiter am *Taugenichts*. Eine Handschrift aus dieser Zeit trägt den Titel *Der neue Troubadour* und bringt ihren Helden damit in die Nähe mittelalterlich-provenzalischer Sänger. 1826 schließlich veröffentlichte die Berliner Vereinsbuchhandlung – ihr Besitzer war Gubitz, ein Mitglied der Mittwochsgesellschaft – die fertige Erzählung, und zwar als Buch zusammen mit dem *Marmorbild* sowie Liedern und Romanzen Eichendorffs im Anhang. Ein Vergleich zwischen der *Troubadour*-Handschrift und der vollendeten Erzählung zeigt eine gravierende Veränderung der epischen Fabel: Im *Troubadour* ist die schöne Geliebte des Taugenichts eine bereits

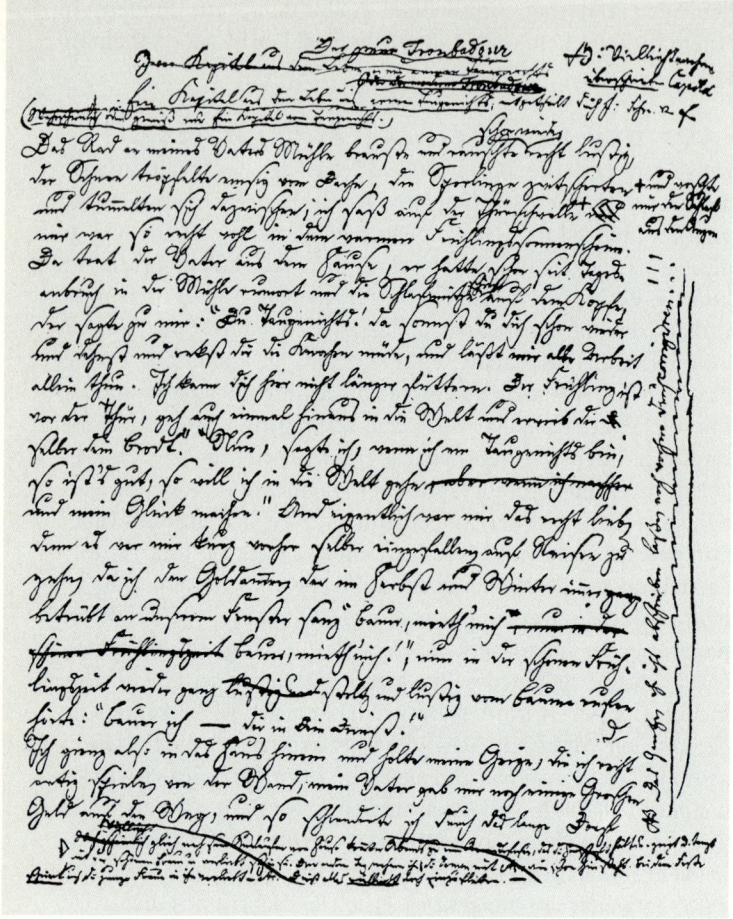

Joseph von Eichendorff: «Der neue Troubadour».
Faksimile («Das Rad in meines Vaters Mühle ...»)

verheiratete Adlige, während sie nun, wie sich am Schluss herausstellt, die unverheiratete, verwaiste Nichte des Portiers ist; erst vor diesem Hintergrund geht die Konstruktion des Schlusstableaus als Vorschein erfüllten Lebensglücks auf: *[...] und es war alles, alles gut!* [185]

Adolf Schrödters
«Taugenichts»-
Illustration in der
Ausgabe von 1842

Die Plastizität der Taugenichtsfigur ist zunächst durch die (bei Eichendorff seltene) Wahl eines Ich-Erzählers bedingt, dessen Lebensrückblick und Erzählton von der Gegenwärtigkeit der Ereignisse und Erlebnisse bestimmt wird, nicht aber von reflektierender Selbstdistanz. Erzähler-Ich und handelndes Ich sind meistens derart eins, dass schon von den ersten Episoden an die volle Sympathie des Lesers dem schlichten, einfältigen, jugendlich-naiven, zugleich aber schlagfertigen, mit Sinn für Situationskomik ausgestatteten Helden gehört. Die strukturelle Geschlossenheit und Strenge der Erzählform, wie sie für das *Marmorbild* charakteristisch ist, wird im *Taugenichts* durch überraschende Orts- und Zeitwechsel, unterschiedliche Erzähltempi, plötzliche Einfälle und ein großes Aufgebot an Figuren aufgesprengt. Der Dynamik der Erzählweise entspricht die Rastlosigkeit des Taugenichts, der weder am ruhigen Leben eines die Natur domestizierenden Gärtnerburschen noch am philiströs-behaglichen Dasein eines Zolleinnehmers lange Gefallen findet. So weiß er Gefährdungen der Enge und Beharrung immer wieder auszuweichen und damit jene Lebenspläne zu durchkreuzen, deren Alltag er an seiner Umgebung bis ins Detail studieren kann. Ein ganzes Karikaturen-Ensemble hält der *Taugenichts* bereit, um ein satirisches Bild der spießbürgerlichen Gesellschaft zu zeichnen. Gleich im Erzähleingang repräsentiert der Vater, der *schon seit Tagesanbruch in der Mühle rumort und die Schlafmütze schief auf dem Kopfe* trägt, jene Instanz freudloser Arbeit und Mühe, gegen die der jugendliche Taugenichts opponiert. Philister zu sein ist in Eichendorffs Erzählung keine soziologische Größe, sondern eine Frage der Weltsicht, eines nüchternen, platten Verständnisses von Wirklichkeit, die den Müller, die dörfliche Umgebung, den Bauern, dem er auf der Wanderung begegnet und einen *Knollfink*[186] nennt, und nicht zuletzt den Gärtner, den Portier und den Amtmann kennzeichnet.

Der Erzähler macht sich satirische Techniken zunutze, indem er markante äußere Merkmale sowie typische Charaktereigenschaft seiner Figuren überspitzt darstellt und, wie den Schlossportier, zu Karikaturen verformt: *Ich kehre mich schnell um, da steht ein großer Herr in Staatskleidern, ein breites Bandelier von Gold und Seide bis an die Hüften übergehängt, mit einem oben versilberten Stabe in der Hand, und einer außerordentlich langen gebognen kurfürstlichen Nase im Gesicht, breit und prächtig wie ein aufgeblasener Puter, der mich frägt, was ich hier will.*[187] Auch ein *zierlicher junger Herr mit einer Brille auf der Nase* wird in den satirischen Bericht des Ich-Erzählers einbezogen, und zwar als Karikatur intellektueller Volkslied- und Volksmärchenverehrer, die selbst bei harmlosester Konversation noch mit gewagten Metaphernkonstruktionen glänzen und, Jean Pauls Stil imitierend, unfreiwillig komisch wirken: «*[...] ein Volkslied, gesungen vom Volk auf freiem Feld und Wald, ist ein Alpenröslein auf der Alpe selbst, – die Wunderhörner sind nur Herbarien, – ist die Seele der National-Seele».*[188] Der ironische Blick des Taugenichts, der gerade dadurch so glaubwürdig ist, dass dieser sich selbst nicht allzu wichtig nimmt, spürt in allen sozialen Ständen karikaturenhafte Existenzen auf, zuletzt auch in der deutschen Künstlerkolonie Roms, die nur noch als Zerrbild längst vergangener klassisch-romantischer Lebensform erscheint. Das Fazit des Taugenichts ist deutlich genug: *Ich nahm mir nun fest vor, dem falschen Italien mit sei-*

nen verrückten Malern, Pomeranzen und Kammerjungfern auf ewig den Rücken zu kehren, und wanderte noch zur selbigen Stunde zum Tore hinaus.[189]

Die Erzählung ist vom Anfang bis zum Ende mit karikaturistischen, satirischen und auch parodistischen Anspielungen durchsetzt. Schon deshalb wäre es falsch, dem Ich-Erzähler einen naiven Märchenton zu unterstellen. Die erzählerische Welt, die er so anschaulich gestaltet, hat bis ins Detail eine doppelte Kennung. Sie ist Handlungsbühne, sozialer Raum und Naturkulisse, ihre einzelnen Elemente aber sind gleichzeitig Zeichenträger, die in verdeckter, verschlüsselter Weise auf einen verborgenen Bedeutungszusammenhang verweisen. Der Erzähleingang ist dafür ein illustratives Beispiel. Das Frühlings- und Aufbruchmotiv markiert den erwartungsfrohen Anspruch eines Lebensentwurfs jenseits des *Rumors* der Mühle, jener Chiffre der nüchtern-prosaischen Arbeitsgesellschaft. Im Leitmotiv des Wanderns und des Reisens ist das Motiv der Lebensreise aufgehoben. Das Schwellenmotiv – *ich saß auf der Türschwelle und wischte mir den Schlaf aus den Augen*[190] – umreißt die für die gesamte Erzählung charakteristische Grundspannung zwischen Nähe und Ferne, Innehalten und Bewegung, häuslich-philiströser Enge und verlockender Fremde. Der Taugenichts bleibt bis zum

Stimmen zum «Taugenichts»

Wer einmal Lust empfindet, ein ewiges Sonntagsleben lesend mitzugenießen, der vergnüge sich bei dieser von Frühlingslust durchhauchten Novelle.
Willibald Alexis, 1826

Der Taugenichts taugt auch gar nichts, […] es fehlt ihm alles, was man Humor nennt.
Wolfgang Menzel, 1826

Der Taugenichts ist nicht mehr und nicht weniger als eine Verkörperung des deutschen Gemüts, die liebenswürdige Type nicht eines Standes bloß, sondern einer ganzen Nation. Kein andres Volk hat solch Buch.
Theodor Fontane, 1857

Der Roman ist nichts weniger als wohlerzogen, er entbehrt jeden soliden Schwergewichts, jedes psychologischen Ehrgeizes, jedes sozialkritischen Willens und jeder intellektuellen Zucht; er ist nichts als Traum, Musik, Gehenlassen, ziehender Posthornklang, Fernweh, Heimweh, Leuchtkugelfall auf nächtlichen Park, törichte Seligkeit, so dass einem die Ohren klingen und der Kopf summt vor poetischer Verzauberung und Verwirrung.
Thomas Mann, 1918

Schluss ein Figur auf der Schwelle, immer bereit zum Sprung von drinnen nach draußen, wenn ihn die *Reiselust* packt, *die alte Wehmut und Freude und große Erwartung*.[191] Vor diesem Horizont nimmt das erste Lied des Taugenichts, *Wem Gott will rechte Gunst erweisen*[192], im Gegensatz zwischen der *weite[n] Welt* und den *Trägen, die zu Hause liegen*, die Grundspannung des Schwellenmotivs wieder auf:

> *Wem Gott will rechte Gunst erweisen,*
> *Den schickt er in die weite Welt,*
> *Dem will er seine Wunder weisen*
> *In Fels und Wald und Strom und Feld.*

> *Die Trägen, die zu Hause liegen,*
> *Erquicket nicht das Morgenrot,*
> *Sie wissen nur vom Kinderwiegen*
> *Von Sorgen, Last und Not um Brot.*

Als Schwellenfigur ist der Taugenichts keineswegs von *Sorgen, Last und Not um Brot* befreit. Sein Selbstporträt als Zolleinnehmer ist plastische Philister-Satire: *Ich bezog nun sogleich meine neue Wohnung und war in kurzer Zeit eingerichtet. Ich hatte noch mehrere Gerätschaften gefunden, die der selige Einnehmer seinem Nachfolger hinterlassen, unter andern einen prächtigen roten Schlafrock mit gelben Punkten, grüne Pantoffeln, eine Schlafmütze und einige Pfeifen mit langen Röhren. Das alles hatte ich mir schon einmal gewünscht als ich noch zu Hause war, wo ich immer unsern Pfarrer so kommode herumgehen sah.*[193] Der Taugenichts allerdings durchmustert solche Rollen in kurzer Zeit und findet an ihnen am Ende doch kein Gefallen, auch wenn er sein Einnehmerleben zunächst durchaus positiv zu würdigen weiß: als Aufstieg und *kommode* erscheinende Tätigkeit. Seine Neigung zum Rollenspiel und seine Sicht der Welt als Bühne und komödiantisches Welttheater[194] dürfen nicht über die Tiefe seiner Emotionen hinwegtäuschen. Von Angst und Wehmut ist im Text öfter die Rede. Wendungen wie *Mir war zum Sterben bange*[195], *das Herz wollte mir zerspringen [...] vor Scham und vor Schmerz* und *ich warf mich in das Gras und weinte bitterlich*[196] gehören ebenso zum Charakterporträt des Taugenichts wie das Bild des vergnügten,

überstandene Abenteuer und Glücksmomente genießenden, sin-
genden und musizierenden Helden.

Eichendorffs berühmteste Figur behält auch im Vergleich
mit literarischen Vorbildern ihre eigene poetische Aura. Die pika-
reske Tradition, die des Schelmenromans, klingt zwar an, aber
eben nur in einigen Anspielungen. So nimmt auch der Lebensweg
des Lazarillo von Tormes, des schlagfertigen, sympathischen Helden eines spanischen Schelmenromans von 1554, in einer Mühle
seinen Anfang. Mit Grimmelshausens «Simplicissimus»-Roman
verbindet Eichendorffs *Taugenichts* die Wahl eines Ich-Erzählers,
der sich der Einfältigkeit als eines strategischen Mittels bedient
und so gleichsam von außen seine Zeit und Gesellschaft zu beob-
achten vermag. Eichendorffs Held aber ist weder ein sozialer
Außenseiter, der sich wie Lazarillo bei diesem und jenem Herrn
verdingen muss, um sich durch den Alltag zu schlagen, noch
durchläuft sein Leben derartige Höhen und Tiefen wie das des
Simplicissimus, der sich zuletzt als Einsiedler von der Welt ab-
wendet, während der Taugenichts gerade umgekehrt das von ihm
ersehnte Ziel samt *schöne[r] Frau, Schlößchen, Garten* und *Weinber-
gen*[197] erreicht.

«DICHTER UND IHRE GESELLEN»

Seine historische Position am Ausgang der Romantik hat Eichendorff nie in Zweifel gezogen. In welchem Maße die Kraft romantischer Utopie erloschen war, zeigt 1834 der in paralleler Figuren-
konstruktion zu *Ahnung und Gegenwart* konzipierte Roman *Dichter
und ihre Gesellen* am Lebensschicksal vieler seiner Helden, die – gefährdete Existenzen oder gar zum Scheitern Verurteilte – in einer
zunehmend entromantisierten Welt um Orientierung ringen. [...]
Ich wollte, die Romantik wäre lieber gar nicht erfunden worden[198], klagt
Fortunat, Hauptfigur und noch am wenigsten Gefährdungen und
Gefahren ausgesetzter positiver Held des Romans: ein angesichts
der verzweigten Geschichten romantischen Scheiterns treffendes
Fazit. Juanna stürzt sich, vor Lothario flüchtend, ins Wasser. Otto
scheitert am existentiell erfahrenen Widerspruch zwischen Kunst
und Leben. Albert, lebender Anachronismus aus den fernen Tagen
der Befreiungskriege, macht seinem als überdrüssig empfundenen
Dasein gewaltsam ein Ende. Der Fürst wird an einer Gegenwart ir-

re, die er immer weniger begreift. Dryanders komische Rollen in allerlei Alltagskomödien erweisen sich als ein nicht endender, fataler Kreislauf. Walter, der Freund, Bürger und Kameralist, hat alle trübe Aussicht auf ein biedermeierliches Philisterleben (*in welchem gräulichen Rumor lebt ihr Beamte*[199]). Während Manfred mit dem *Ruf zu einem bedeutenden Staatsdienste* mit dem Bestehenden endgültig seinen Frieden macht, bleibt Graf Victor, dem Eichendorff Züge des Lubowitzer Kaplans und Freunds Paul Ciupke verliehen hat, bis zuletzt der *wilde Jäger [...], bleich, gebräunt und dennoch schöner [...] als ehemals*[200]; er läuft Gefahr, in der unwegsamen Höhe am Abgrund zu scheitern, nachdem sich sein Traum einer romantischen Lebensform nicht erfüllt hat. Er ist auch am Schluss des Romans nicht aller Gefahr entronnen, gerade weil er sich zum Kampfe gegen die Zeit entschließt: *O Freunde, das ist eine Zeit! glückselig wer drin geboren ward, sie auszufechten!* [201]

Eichendorff plante, *die verschiedenen Richtungen des Dichterlebens*[202] in seinem Roman zu entfalten. In dem Maße jedoch, wie er diese *Richtungen* mit den Konstellationen der Gegenwart konfrontiert, verbinden sich Elemente des Künstlerromans mit denen des Zeitromans. Mit Ausnahme Fortunats, der Perspektivfigur des Erzählers, bilden die philiströsen Bürger und ihre künstlerischen Antipoden eine widersprüchliche Einheit: Wo die einen, die *Dichter*, ihren Anspruch auf unverfälschte Subjektivität mit Selbstverlorenheit zu bezahlen haben, da erfahren die anderen, die *Gesellen*, mit zunehmender Verengung ihres Horizontes im bürgerlichen Alltag den Verlust ihrer eigenen Individualität. Der Roman spielt eine ganze Palette von Lebensplänen und -konzeptionen durch, ohne indes zu einem festen Ergebnis zu kommen. Die entromantisierte Welt des Romans lässt die Kälte und Härte der modernen Gesellschaft spüren, zugleich aber auch die dumpfe Atmosphäre der Restaurationszeit.

Der Roman ist über weite Strecken eine Art Selbstthematisierung der Literatur. Schon sein Titel kündigt dies an. Aber es geht keineswegs nur um einzelne Dichterschicksale, sondern auch um die gesamte Komplexität literarischer Kommunikation: um Dilettantismus und Profession literarischer Autorschaft, um das Verhältnis von Poesie und literarischer Praxis, um den alltäglichen Umgang mit Literatur in Salon, Teegesellschaft und Freundeskreis, damit also um literarische Produktion (Dichter- und Autorenty-pen), Rezeption (Publikum und Leser) und Distribution (Markt und Verbreitung). Die Vielzahl scheiternder Künstler und Dichter hebt das Problematische der Künstler- und Dichterexistenzen hervor.

Die Novelle als moderner Unterhaltungsstoff für gepflegte abendliche Konversationen wird im Roman (der 1834 unter der Gattungsbezeichnung «Novelle» in Berlin erschienen war) mit einer ebenso beiläufigen wie sarkastischen Bemerkung des Erzäh-lers (selbst-)parodiert: *Es war noch zu früh zum Schlafengehen, die Fürstin schlug vor, Geschichten zu erzählen, jeder was ihm eben einfiele. Der Prediger räusperte sich, eine Novelle, die er neulich für ein Taschen-buch geschrieben, steckte ihm schon im Halse.*[203] Solche Anspielungen galten einem Umgang mit Literatur, der Selbstdarstellung ihrer Produzenten wie Rezipienten geworden ist. Literatur als Konver-sationsgegenstand bot willkommene Anlässe, den eigenen kultu-rellen Habitus, das Wissen und nicht zuletzt auch den sozialen Status zu dokumentieren. Mit literarischem Wissen solcher Art grenzten sich Eliten durch die Herausbildung eines eigenen kul-turellen Lebensstils von anderen Schichten ab. Eichendorff hat jene Praxis der Selbstdarstellung im Diskurs über Literatur in sei-nem Werk gerade auch in *Dichter und ihre Gesellen* zum literari-schen Thema gemacht; sein Roman bietet ein ganzes Kabinett von Selbstdarstellern auf.

Eichendorff hat lange an seinem zweiten Roman gearbeitet. Schon vor Abschluss der *Meierbeth*-Satire im April 1827 lassen sich auf der Basis eines im Zweiten Weltkrieg verloren gegangenen Handschriftenkonvoluts erste Entwürfe nachweisen, die freilich von der endgültigen Fassung noch stark abweichen.[204] Die Ent-stehungsgeschichte von *Dichter und ihre Gesellen*, soweit sie re-konstruierbar ist, belegt einmal mehr, wie sorgfältig und planvoll der literarische Produktionsprozess offenbar verlief. Eichendorffs Schreibpraxis war in diesem Punkte diametral jener spontanen poetischen Expressivität seiner Romanfiguren entgegengesetzt, die, wie Fortunat, aus der Situation heraus Empfindungen und Ge-danken *halb für sich*[205] zu Liedern verdichten können, wie Lotha-rio, *mit der Guitarre an's Fenster*[206] treten und zu singen anheben, oder, wie Fortunat und Kordelchen, Wechselgesänge aus dem Stegreif improvisieren.

Nun ist gerade der Wiederholungsstil[207] ein Charakteristikum Eichendorffschen Erzählens. Er erstreckt sich auf Bilder und Motive, sprachliche Wendungen und Formeln, aber auch auf Figuren-, Handlungs- und Raumkonstellationen. Dieser Stil ist insofern ein Ausdruck spezifisch modernen Erzählens, als er mit seinen Rückverweisen, Variationen und Varianten, seiner Technik des teils offenen, teils verdeckten, teils ironischen Selbstzitats die Illusion bloß abgebildeter Realität durchbricht. Die «Spiegelungen, Brechungen, Einschachtelungen», in denen sich Eindeutigkeit auflöst und Literatur wie in einer Tautologie auf sich selbst, auf Literatur verweist, sind als «romantische Kunstgriffe»[208] zugleich Elemente eines die literarische Moderne konstituierenden Erzählstils. Dazu gehört neben dem Wiederholungsstil auch das Spiel des Erzählers mit Fiktionalitätsebenen, etwa dem Motiv der Geschichte in der Geschichte: Die *Geschichte der wilden Spanierin*[209], die der Lord am Kaminfeuer erzählt, wird, als der Erzähler plötzlich in Juanna die *wild[e] Spanierin* wieder erkennt, zum Bestandteil der Romanhandlung.

Zugleich ist dieser Geschichte in der Geschichte ein Ironie-Element im Sinne frühromantischer Erzählverfahren eigen. Juannas Geschichte, ein poetisches Exempel romantischer Ungebundenheit und Freiheit, wird vom Lord erzählt, einer satirisch karikierten Figur. Die Geschichte ist nur noch verfügbar in der Perspektive eines Berichterstatters, der einem Gesellschaftsritual Genüge tun will, nämlich eine Gesellschaft zu nächtlicher Stunde mit einer romantisch gestalteten Erzählung zu erfreuen und sich entsprechender Erzählmuster zu bedienen. Der Rekurs auf Ironie wird noch offensichtlicher in der Figur des Komödianten, Ironikers und Rollenspielers Dryander. Ihm bleibt, wie er selbst bekennt, am Ende nur *verruchte Doppelgängerei*[210]. Dryander vermag nicht mehr, wie der frühromantische Ironiker, sich über alles zu erheben; er verfängt sich in seiner eigenen Ironie und ist zur Narrenrolle verurteilt: zum freien Schriftsteller. Den Gegensatz zwischen Dichtung und Lebenspraxis vermag er nicht zu überwinden. Er bleibt, eben noch eines seiner meisterhaftesten, verzweifeltsten Gedichte – *Der irre Spielmann* – verfassend, eine tragikomische Figur.

NOVELLEN DER DREISSIGER JAHRE

In der Erzählprosa gab es um 1830 noch keine klar definierte Gattungsgrenzen.[211] Wichtiger als Gattungsbegriffe war die Rolle, die der Erzählprosa insgesamt im Prozess der Leserevolution des 19. Jahrhunderts zukam, und zwar vor allem der in Journalen, Almanachen, Kalendern und Frauentaschenbüchern veröffentlichten Prosa. Der große Erfolg der Journalprosa war ein Gradmesser für die zunehmende Ausweitung und Kommerzialisierung des literarischen Marktes und stand in direktem Verhältnis zur allmählichen Alphabetisierung des Volkes. Populäre Lesestoffe bot der Markt an, von billigsten, den Londoner Penny-Magazinen nachgeahmten Heller- und Pfennigmagazinen, in denen Literatur verramscht wurde, bis zu eleganten Prachtausgaben auf teuerstem Papier. Journalprosa war gleichzeitig Medium und Gegenstand geselliger Konversation, sorgte also für Lesevergnügen und Zerstreuung, aber auch für Gesprächsstoff im privaten Zirkel oder an öffentlichen Orten wie Lesehallen, Bibliotheken und Lesegesellschaften.

Eichendorff war keineswegs ein weltfremder Dichter, der fern von Markt und Publikum schrieb. Schon Schrags Verlag in Nürnberg, in dem *Ahnung und Gegenwart* erschien, war keine unbekannte Adresse und das Fouqué'sche «Frauentaschenbuch» eine der angesehensten Periodika. Auch Dümmler *(Krieg den Philister)* und die Berliner Vereinsbuchhandlung *(Taugenichts, Marmorbild, Meierbeth)*, später Duncker & Humblot *(Dichter und ihre Gesellen)*, Brockhaus in Leipzig *(Das Schloß Dürande, Die Entführung)* und schließlich Schöningh in Paderborn *(Geschichte der poetischen Literatur in Deutschland)* boten adäquate Verlagsbedingungen mit Absprachen über Auflagenhöhe, Freiexemplare, Nachdruckrechte und Honorare, die nach Steinsdorff «den zeitüblichen Sätzen»[212] entsprachen.

Beim Konzipieren, Entwerfen, Verfassen und Überarbeiten von Manuskripten setzte sich Eichendorff nicht unter Zeitdruck. Soweit Dispositionen, Skizzen und Teilentwürfe zu einzelnen Werken erhalten sind, zeigen sie, dass Eichendorff seine Arbeiten bis ins Detail plante und entsprechend sorgfältig ausführte. Sosehr er seinen Dichterfiguren spontan entstandene Lieder und gleichsam mühelos umgesetzte literarische Einfälle zugestand:

Seine eigene literarische Produktionsweise spiegelt sich in solchen Episoden nicht wider. Selbst Werke, die mit guten Gründen für abgeschlossen gelten wie die um 1835/36 entstandene Novelle *Eine Meerfahrt*, hat er für Änderungen zurückgehalten und nicht veröffentlicht.[213]

Dabei war schon der Novellenstoff der *Meerfahrt* für Journalprosa besonders geeignet, denn er bot ein exotisches Reise- und Abenteuerpanorama, das zeitgenössischen Vorlieben für Reiseliteratur und Exotik entsprach. Die Novelle führt ins Zeitalter der Entdeckung Amerikas. Die historische Kulisse bildet nur den Rahmen, um im Motiv der Fahrt und des Aufbruchs das Thema der Lebensreise auszugestalten. Die Neue Welt jedoch, wie sie der junge Student Don Antonio und der Schiffshauptmann Alvarez mit seiner Mannschaft erleben, ist kein Glück verheißendes Eldorado, sodass die eigentliche Bewährung erst mit der Ankunft auf dem neuen Kontinent beginnt. Das Venusberg-Motiv hat Eichendorff in den exotischen Raum Lateinamerikas verlegt: die schöne, tugendhaftunnahbare, zugleich grausame, wilde Königin auf einer amerikanischen Insel, als antike Venus von christlichen Seefahrern bis zur Gefahr der Selbstvernichtung begehrt. Das Abenteuer- und Entdeckersujet wird spätestens dann zum Tannhäuser-Stoff, wenn Don Diegos Geschichte, die *Geschichte des Einsiedlers*[214], des lange verschollen geglaubten Oheims Don Antonios, erzählt wird und der Konflikt in der Liebe zwischen dem jungen Studenten und Alma wiederkehrt, die ihrer Muhme, der verstorbenen Königin, täuschend ähnlich sieht. Der Schluss der Novelle führt Don Antonio in die alte Heimat zurück, und zwar nicht (schon weil Alma ihren Geliebten treulich nach Spanien begleitet) als Entsagungsthema, sondern als Aufforderung, sich mit der Welt, wie sie ist, einzulassen und sie als Ort der Bewährung zu verstehen. Das Ende ist überraschend genug: Der eigentliche Aufbruch ist nicht der Aufbruch in die romantische Ferne und Fremde der Neuen Welt, sondern die *glückliche Fahrt* zurück in eine Wirklichkeit ohne trügerische Exotik, mythischen Venus-Zauber und Tannhäuser-Vita. Es ist der zurückbleibende Einsiedler Don Diego, der diese Wahrheit ausspricht: *Du [...] sollst Dir erst die Sporen verdienen, kehre zurück in die Welt und haue Dich tüchtig durch, daß Du Dir einst auch solchen Fels eroberst, der die Wetter bricht — weiter bringt es doch keiner. Fahre wohl!*

Nicht *Eine Meerfahrt*, sondern *Das Schloß Dürande* bot Eichendorff dem von Brockhaus verlegten Taschenbuch «Urania» an und konnte sicher sein, dass er nicht an Erwartungen des Journalpublikums vorbei geschrieben hatte. Diese Novelle ist eine hochdramatische, tragisch angelegte Liebesgeschichte zwischen einem jungen Grafen und einem Bürgermädchen und zugleich eine Revolutionserzählung, die ihren Stoff der Zeit um 1789 entnimmt und mehr ist als eine Geschichtsreminiszenz, weil sie, Ende 1836 erschienen, vor dem Hintergrund der Julirevolution von 1830 zeitgenössische Aktualität gewann. Schicksalhafte Verstrickung, Schuld, Verwechslung, Zufall, Leidenschaft, Verblendung, zuletzt gar Raub, Plünderung und Mord: Eichendorff bot in rasch sich zuspitzenden Konflikten und schnellem Erzähltempo einen an Bühnentragödien orientierten Handlungsaufbau, der ein gesamtes Zeitpanorama entfaltet. Er beginnt in der ländlichen Scheinidylle des Ancien Régime, schwenkt über nach Paris ins revolutionäre Zentrum samt Ludwig XVI. und konspirativen Revolutionären als Nebenfiguren – und führt schließlich ins Epizentrum der in die Provinz hineingetragenen Revolution zurück. Die Verbindung von Mesalliance- und Revolutionsgeschichte, die zunächst wie eine simple Romantisierung von Politik und Liebe erscheinen mag, wird plausibler, wenn man die Funktion der Sujetkoppelung näher untersucht. Die Novelle zeigt, wie Personen, deren Verhältnis zueinander und deren Konflikte im Privaten wurzeln, in jenen politischen Zeitwirbel hineingeraten, den die Erzählung bis ins Erzähltempo hinein nachgestaltet und als Leitmotiv immer wieder anschaulich werden lässt. Gabriele liegt nichts ferner, als ihre Liebe zum jungen Grafen Dürande politisch zu interpretieren; Renald, ihr Bruder, fordert vom Grafen moralische Rechenschaft und Genugtuung nach der Logik eines strengen Tugendkodexes und erschießt ihn zuletzt nicht in Ausübung revolutionärer Praxis, sondern indem er, wie er glaubt, *sein Richteramt [...] vollbracht*[215] hat. Und der junge Graf schließlich will noch unmittelbar vor der Erstürmung des Schlosses seinen Streit mit Renald wie einen nicht-öffentlichen ausfechten und lässt diesem sagen, *er, der Graf, wolle ihm Satisfaktion geben wie einem Kavalier und sich ihm schlagen, Mann gegen Mann – mehr könne der Stolze nicht verlangen*[216]. Ein persönlicher Konflikt wird am Ende von einem Protagonisten, der alles andere als ein Revolutionsheld ist, und einem Adligen, der keineswegs der *alten Zeit*[217] anhängt wie sein Vater, so ausgetragen wie eine welthistorische Umwälzung: Die Trümmer des verbrannten Schlosses und Dürandes Tod stehen symbolisch für das gewaltsame Ende aristokratischer Herrschaft.

Ein Akt der Willkür als Vollzug welthistorischer Notwendigkeit? Renalds tragischer Blindheit steht ein wissender Erzähler gegenüber, der eindrucksvolle Bilder eines dem Untergang geweihten Gesellschaftssystems gibt: *Renald drängte sich mit klopfendem Herzen in die vorderste Reihe. Es war einer jener halbverschleierten Wintertage, die lügenhaft den Sommer nachspiegeln, die Sonne schien lau, aber falsch über die stillen Paläste, weithin zogen Schwäne auf den Weihern, kein Vogel sang mehr, nur die weißen Marmorbilder standen noch verlassen in der prächtigen Einsamkeit. [...] Da schallt' es auf einmal: Vive le roi! durch die Lüfte und im Garten, so weit das Auge reichte, begannen plötzlich alle Wasserkünste zu spielen, und mitten in dem Jubel, Rauschen und Funkeln schritt der König in einfachem Kleide langsam die breiten Marmorstufen hinab. Er sah traurig aus und bleich – eine leise Luft rührte die Wipfel der hohen Bäume und streute die letzten Blätter wie einen Goldregen über die fürstlichen Gestalten.*[218]

Das «Überlebte muss vergehen.»[219] Eichendorff rückt eine unumkehrbar nach vorn gerichtete Bewegung und Dynamik der Zeit als bestimmendes Prinzip revolutionärer Phasen der Geschichte in den Fragehorizont der Novelle. So wenig Renald und der Graf ihrem Selbstverständnis und ihrer Vorgeschichte nach für die Rollen des Protagonisten und Antagonisten auch prädestiniert erscheinen mögen, sie spielen unter jenem Zeitgesetz ihre Rollen zu Ende, unversöhnt, denn Versöhnung gewährt die Novelle in einem pathetischen Schlussakkord nur den im Tod vereinten Liebenden: *[...] es war, als zögen Engel singend durch die schöne Nacht.*[220] Für Renald aber hatte bereits der Fremde in Paris die entsprechende Prognose gegeben, eine Figur der Revolution, welcher der Erzähler das Bewegungsprinzip revolutionärer Geschichte in den Mund legt: *Ihr seht aus wie ein Scharfrichter, der, das Schwert unter'm Mantel, zu Gerichte geht; es kommt die Zeit, gedenkt an mich, Ihr werdet der Rüstigsten einer sein bei der blutigen Arbeit.*[221] So gibt die Novelle schließlich keine verbindliche Auskunft über ein Pro und Contra zur Französischen Revolution, sondern konzentriert sich auf die dramatische Logik ihres historischen Prozesses, auf ihre geschichtliche Faktizität und die damit verbundene Unerbittlichkeit des Handelns.

In Frankreich, diesmal zur Zeit Ludwigs XV., spielt auch der zweite «Urania»-Beitrag, die 1837 entstandene Novelle *Die Entführung*. In ihr gestaltet Eichendorff ein beim Publikum beliebtes Räubergeschichten-Sujet und verbindet es mit dem Diana-Motiv. Hatte er bereits in der *Meerfahrt* hochgestimmte Lebensentwürfe auf den Boden der Wirklichkeit zurückgeführt und damit den Venus-Mythos entzaubert, so bekräftigt er in der *Entführung* diese Sicht auf Liebe und Glück. Noch stärker als in der *Meerfahrt* wird romantische Lebenssehnsucht als Vorschein erfüllten Lebens destruiert: Gastons Entscheidung für Leontine, eine eher ins Biedermeier als in die Louis-Quinze-Zeit passende Frauenfigur, deren *unschuldiges Bild unwiderstehlich wieder auftaucht* und die Verblendung durch Dianas *zauberisch[e] Schönheit* auflöst, wird zum Rückzug in den Innenraum häuslichen Glücks, während die Gräfin Diana in *Buße* weiterleben muss, ihren Anspruch auf Unabhängigkeit und Autonomie endgültig aufgebend: in einem Kloster, *der Welt entsagend* und als *Oberin [...] furchtbare Strenge gegen sich und die Schwestern übend und in der ganzen Gegend fast wie eine Heilige verehrt.*[222]

In seiner Novelle *Die Glücksritter*, 1841 erschienen und die letzte zu Lebzeiten veröffentlichte Erzählung Eichendorffs, entfernt sich der Autor noch weiter von der Mythos-Staffage früherer Erzählprosa. Die Figuren werden in dieser im Dreißigjährigen Krieg spielenden Geschichte zu Komödianten in einer Verwechslungs- und Verwicklungskomödie. Schimmerte hinter der historischen Kulisse der *Entführung* eine Gesellschaft mit biedermeierlichen Konturen durch, so verbirgt sich in den *Glücksrittern* mit seinen Porträts antiphiliströser Jugendlichkeit ein Element autobiographischer Reminiszenz. Um 1838 arbeitete Eichendorff nicht allein an den *Glücksrittern*, sondern mit verstärktem Interesse an seinem ambitioniertesten Schreibprojekt, der eigenen Lebensgeschichte. Nachdem er bereits verschiedene Formen erprobt hatte, versuchte er sich zu dieser Zeit gerade an einer Versnovelle, welche die eigene Jugendgeschichte in die Welt des Dreißigjährigen Krieges transponierte und, so war geplant, Episoden aus dem Leben der beiden Brüder und aus dem Halleschen Studentenleben enthalten sollte. In keiner anderen Erzählung Eichendorffs ist die studentische Atmosphäre bis in den Sprachgestus hinein so präsent. Damit aber wird eine gegenüber der Epik der dreißiger Jahre deutlich veränderte Perspektive sichtbar, eine Verlagerung des Interesses vom novellistischen Erzählen zum autobiographischen Schreiben, das der Autor offenbar nicht als Ende seiner literarischen Praxis ansah, sondern als Fortsetzung der Erzählprosa im Medium der Autobiographie. Von den *Glücksrittern* führt damit der Weg bereits zu Eichendorfs Lebensmotiv des fehlenden Quäntchen Glücks, also zur Perspektive des *Unstern*-Fragments, an dem er um 1838/39 arbeitete. Während in den *Glücksrittern* die Helden im Handumdrehen ihr *Glück gemacht* haben oder *fortan in den Wäldern selig verschollen*[223] sind, weiten sich die immer erneuten Anläufe zur Lebensgeschichte jenseits poetisch erfüllten Lebenssinns zu einem unabgeschlossenen, hochkomplexen Erzählprojekt, das bereits bis in die fragmentarische, offene Struktur der disparaten Teile auf moderne Erzählformen vorausweist.[224]

GEDICHTE

Zu Eichendorffs wichtigsten Veröffentlichungen in den dreißiger Jahren gehörte seine erste umfassende Gedichtsammlung. Im Unterschied zu anderen zeitgenössischen Lyrikern wie Heine, der schon als jugendlicher Dichter mit dem «Buch der Lieder» schnell berühmt wurde, hatte Eichendorff erst 1837 einen selbstständigen Gedichtband herausgebracht. Unterstützung erhielt er von dem jungen Adolf Schöll, dem Freund und Vertrauten, der seit 1832 in Berlin lebte, wohl im selben Jahr noch zum Kreis der Mittwochsgesellschaft stieß und einer der besten zeitgenössischen Kenner des Eichendorffschen Werkes wurde. Nach Fröhlich könnten von ihm «– in Absprache mit Eichendorff – die Titel der […] Abteilungen und die Grundanordnung der Gedichte und die Neuformulierung einiger Überschriften»[225] stammen. Hatte er bereits bei der Korrektur von *Dichter und ihre Gesellen* geholfen, so war seine Mitarbeit nun erheblich umfangreicher.[226] Die Anordnung der Texte nach Themen, lyrischen Genres und Motiven – Eichendorff hat sie zumindest autorisiert – erwies sich als eine ebenso einfache wie transparente Durchgliederung. Sie erinnerte an vergleichbare Unternehmungen Heines und Uhlands und band themen- und motivverwandte Gedichte zusammen, von denen das Publikum einen Teil bereits kannte und als Lieder schätzte.

Nicht sichtbar dagegen war die große Zeitspanne zwischen den einzelnen, nun in unmittelbare Nachbarschaft gerückten Texte; Eichendorffs Lyrik schien geradezu entwicklungslos. Kontinuität indes ist kein Merkmal seiner Gedichtproduktion. Bereits die Chronologie der Entstehungsgeschichte[227] zeigt deutliche Diskrepanzen zwischen Phasen intensiven Schreibens und Zeitabschnitten, in denen der Autor auffallend wenig Gedichte verfasste. Vor allem aber wird sichtbar, welcher Stellenwert den zwischen 1807 und 1815 geschriebenen Gedichten des jungen Eichendorff zukommt und wie nah sie entstehungszeitlich an die Lyrik von Romantikern wie Arnim und Brentano heranreichen. Beinahe die Hälfte aller Gedichte entstand in diesem Zeitraum. Zwischen 1816 und 1830 ließ die Produktion deutlich nach, während sie in den letzten Jahren vor den *Gedichten* von 1837 wieder zunahm. Zwischen 1844 und 1857 schrieb der Autor kaum noch Gedichte. Den wenigen während der Revolution von 1848 entstandenen politischen Zeitgedichten kommt damit nicht nur wegen ihrer Themen, sondern auch als Paradigmen der Alterslyrik besondere Bedeutung zu.

Die einzelnen Abschnitte der *Gedichte* suggerieren eine Virtuosität in allen zeitgenössischen Lyrik-Sparten: *Wanderlieder, Sängerleben, Zeitlieder, Frühling und Liebe, Todtenopfer, Geistliche Gedichte* und *Romanzen*. Bereits die ersten beiden Textgruppen repräsentieren Eichendorffs Popularität. Die *Wanderlieder* gehörten einerseits zeitgenössisch zum besonders beliebten Genre der Reise- und Wandergedichte, andererseits konnten sie bei Eichendorff-Lesern Erinnerungen an ein Schlüsselmotiv seiner Dichtung wachrufen und mit solchen Wiedererkennungseffekten das Publikum auf die Lektüre einstimmen. Solche Anordnungen erinnern an musikalische Kompositionsprinzipien und lassen die einzelnen Gedichte wie Elemente im Motivreigen einer höchst nuancen- und variantenreichen Melodie erscheinen.

Der Abschnitt *Sängerleben* gruppiert sich um Poesie und Dichtertum. Die einzelnen Gedichte entsprechen in ihrer Anlage, unter-

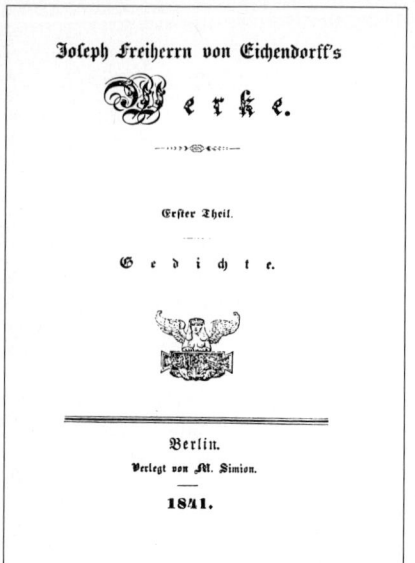

Joseph Freiherrn von Eichendorff's

Werke.

Erster Theil.

Gedichte.

Berlin.
Verlegt von M. Simion.

1841.

Titelseite des ersten Bandes (1841)
der vierbändigen Werkausgabe

brochen von heiteren (im Titel auf Heine verweisenden) Intermezzi, einer offenen Präsentationsform. Unter den *Zeitliedern* erscheinen Gedichte, die während der Befreiungskriege entstanden, und eine Reihe von Gelegenheitsgedichten, die in der literarischen Kultur immer noch ihren Platz hatten. Lyrik war keineswegs eine von Situationen kategorisch gelöste, autonome Gattung, sodass es nicht verwundert, wenn auch die weiteren Abschnitte, vor allem *Frühling und Liebe* und *Todtenopfer*, Texte enthalten, die entstehungsgeschichtlich an persönliche Begegnungen und Erlebnisse geknüpft sind. Wie offen das Anordnungsschema ist, spiegelt sich noch einmal in der Gruppe der *Geistlichen Gedichte*, die nicht zum Genre der Kirchenlieder zählen, sondern in der Ernsthaftigkeit ihrer Themen durchaus weltlich-profane Bezüge haben. Gattungsbegriffe hatten für Eichendorff wie für Schöll keine festen Grenzen. So repräsentiert der Abschnitt *Romanzen* eine Vielfalt von Balladen und balladesken Improvisationen auf engem Raum und vereint charakteristische Themen und Motive Eichendorff'scher Dichtung. Seit der Werkausgabe von 1841 kam noch ein siebter Abschnitt mit Proben Eichendorff'scher Übersetzungskunst hinzu, *Aus dem Spanischen.* Der Autor hat seiner Sammlung weder ein Nachwort noch einen Essay zur Poetik beigegeben. Eine Vielzahl von poetologischen Gedichten, also Texten zur Bedeutung von Poesie und zur Rolle des Dichters, bietet entsprechenden Ersatz, wie das den Abschnitt *Sängerleben* beschließende Gedicht *Wünschelrute*[228], zugleich Eichendorffs berühmtester lyrischer Spruch:

Schläft ein Lied in allen Dingen,
Die da träumen fort und fort,
Und die Welt hebt an zu singen,
Triffst du nur das Zauberwort.

Das Gedicht hält die Macht der Poesie fest, ohne dazu wortreicher Kunsttheorien zu bedürfen. In ihm klingt jene Formel vom «Einen geheimen Wort» an, die in Novalis' Gedicht «Wenn nicht mehr Zahlen und Figuren …»[229] bereits als eine Art *Zauberwort* fungierte: als Überwindung von Vereinzelung und Zerrissenheit, als Vorschein einer goldenen Zeit, in der Kunst und Leben, Dichtung und Wissenschaft vereint sind. Poesie weckt das *Lied in allen Dingen*, hat also als *Zauberwort* gleichsam eine magische Erweckungskraft. In dieser Macht wird die Vermittlungsfunktion deutlich, die der Poesie, und nur der Poesie, zugesprochen wird. Vor diesem Horizont ist sie ein Medium zur Welt, zum verborgenen Zusammenhang der Dinge. Die im *Zauberwort* verborgene Wahrheit ist weder Gelehrtenwissen noch gesicherte Erkenntnis. Die Welt war für Eichendorff ein *Hieroglyphenbuch*, dessen Zeichen zwar potenziell entschlüsselt werden können, deren Bedeutungen aber nicht ohne weiteres verfügbar sind, auch wenn ihre bildhaften Konturen wahrnehmbar werden. Und nur im «Augenblick des Aufblitzens einer gleichsam noch in sich erzitternden Dingwelt» ist jene Magie des *Zauberworts*, jene allegorische Macht der Bilder noch verfügbar, die «den bereits verdinglichten Dingen im Einstand noch einmal die Kraft des Bedeutens, des über sich Hinausweisenden»[230] verliehen hat. Daher ist Eichendorffs Dichtung weder ein Transparent religiöser Botschaften, noch lässt sie sich mit der Gewissheit theologischer und heilsgeschichtlicher Vorstellungen verrechnen. Die poetisch ins Bild gesetzte Hieroglyphenschrift bleibt vieldeutig – wie die nur momenthaften *Geisterblicke* ihrer Entschlüsselung. Poesie ist und bleibt nach Eichendorff im besten Sinne *kursorisch[e] Weltschau, erfrischende Anregung und Erweckung*. Damit aber werden dem Leser ein Freiraum und eine Aktivität zugestanden, die ihn zum «Nachdichten» auffordert; ohne ihn nämlich bliebe die Welt stumm und das *Hieroglyphenbuch* geschlossen. Eichendorff plädiert für den nicht zu bevormundenden Leser und nimmt damit ein Basisaxiom moderner Poetik vorweg.

Spielraum genug, so bestätigt die Wirkungsgeschichte, hat Eichendorff sowohl denen gewährt, die sich die «verführerische Faßlichkeit»[231] seiner Lyrik zu Eigen machten und sie als Stimmungszauber instrumentalisierten, als auch den berufenen Interpreten seiner Hieroglyphen und Formeln, welche die ideologischen «Zerrbilder» und den politischen «Mißbrauch eines Dichters»[232] aufdeckten und so seit den fünfziger Jahre neue Grundlagen für eine philologisch gesicherte Eichendorff-Rezeption schufen. Eichendorff war bis zur Mitte des 20. Jahrhunderts ein Autor, der seinen Platz in einer lebendigen Musikkultur hatte, dessen Lieder seit Einzug der Musik in die häusliche Kultur und das verbreitete Musikleben unzähliger Gesangvereine und Chöre, einer «Massenbewegung»[233] des 19. Jahrhunderts, zum traditionsbestimmten Kernkanon gehörten, aber auch, vermittelt durch Komponisten, wie Mendelssohn Bartholdy, Schumann, Reger, Wolf und Pfitzner, zum Repertoire großbürgerlicher Salon- und Konzertkultur. Dass Eichendorffs Bedeutung im musikalischen Leben diejenige in der literarischen Kultur zeitweilig deutlich übertraf, lässt sich einer Schätzung Busses entnehmen, nach der zwischen 1830 und 1900 «weit über 5000 Eichendorff-Vertonungen nachzuweisen»[234] seien.

Eichendorffs Lyrik lädt aus heutiger Sicht dazu ein, erste Facetten einer literarischen Moderne zu entdecken. Der Bogen reicht von der Potenzierung grammatisch-syntaktischer Unbestimmtheit in Sprachgesten des Als-ob und dem entsprechenden Gebrauch des Konjunktivs (*Es war, als hätt' der Himmel / Die Erde still geküßt, / Daß sie im Blüthen-Schimmer / Von ihm nun träumen müßt'*[235]) bis zur Konstruktion vieldeutiger, immer wieder variierter Landschaftsbilder und zur Suggestion von Einfachheit, hinter der sich Fragilität und Tiefe verbergen. Sosehr ein Gedicht wie *Der Abend*[236] Ruhe, Wehmut und Erinnerung beschwört und mit seiner Sprachmusik «Gemüterregungskunst»[237] evoziert – es lässt sich, genauer gelesen, nicht in Stimmungseffekte auflösen. Vielmehr erweist sich das Gedicht mit seinen unmittelbar gegeneinander gestellten Vers-, Satz- und Bildkonstruktionen, die sich um den Vers *Was dem Herzen kaum bewußt* gruppieren, als eine nicht immer eindeutige, schwierig zu überschauende Komposition, die, gerade weil sie so eingängig erscheint, genaueres Lesen lohnt:

Schweigt der Menschen laute Lust:
Rauscht die Erde wie in Träumen
Wunderbar mit allen Bäumen
Was dem Herzen kaum bewußt,
Alte Zeiten, linde Trauer,
Und es schweifen leise Schauer
Wetterleuchtend durch die Brust.

Modernität kommt Eichendorffs Gedichten nicht zuletzt deshalb zu, weil sie von Scheitern, existentieller Gefährdung, Selbstentfremdung und Vereinzelung, also von Erfahrungen handeln, die auf den ökonomisch-sozialen Modernitätsschub des 19. Jahrhunderts verweisen. Wer seine Formeln zu entschlüsseln versucht, der findet im allegorischen Naturraum Konturen einer entromantisierten Gegenwart; Verirrung, Entzweiung, Angst und Grauen erscheinen in Bildern der Schwüle und des lähmenden Stillstands, der Verzauberung und Dämonie, des Trugs und der Konfusion. Vom Zurück in die feudalistische *Zopfzeit* [238] jedoch hat Eichendorff stets mit Spott und Ironie gesprochen. Die Rede vom goldenen Zeitalter ist Erinnerungschiffre, ein flüchtiger Schattenriss aus paradiesischer Welt und verlorener Kindheit. Im Gedicht *Eldorado* [239] erscheint deren poetische Silhouette – eine Utopie im Trugbild –, *aus Träumen* aufgetaucht und im Rauschen der Bäume *wie ein Grüßen* noch vernehmbar, nicht zu erreichen, aber zeitlebens eine Motivation des Aufbruchs:

Es ist von Klang und Düften
Ein wunderbarer Ort,
Umrankt von stillen Klüften,
Wir alle spielten dort.

Wir alle sind verirret,
Seitdem so weit hinaus
Unkraut die Welt verwirret,
Find't Keiner mehr nach Haus.

Doch manchmal taucht's aus Träumen,
Als läg' es weit im Meer

Und früh noch in den Bäumen
Rauscht's wie ein Grüßen her.

Ich hört' den Gruß verfliegen,
Ich folgt', ihm über Land,
Und hatte mich verstiegen
Auf hoher Felsenwand.

Mein Herz ward mir so munter,
Weit hinten alle Noth,
Als ginge jenseits unter
Die Welt im Morgenroth.

Der Wind spielt' in den Locken,
Da blitzt' es drunten weit,
Und ich erkannt' erschrocken
Die alte Einsamkeit.

Nun jeden Morgenschimmer
Steig' ich in's Blüthenmeer,
Bis ich Glücksel'ger nimmer
Von dorten wiederkehr'.

LITERATUR- UND ZEITSATIREN

Nichts hat sich in der Geschichte des Eichendorff-Bildes so hart-
näckig gehalten wie die Legende vom äußerst liebenswürdigen,
herzlichen Dichter mit mildem, lächelndem Blick. Wie sonst auch
sollte man sich den Autor des *Taugenichts* vorstellen? Dabei hätte
schon das «erste und wahrscheinlich einzige zu seinen Lebzeiten
[…] bekannt gewordene Porträt Eichendorffs»[240], Eduard Eichens'
Radierung (um 1840), wenigstens die Zeitgenossen eines anderen
belehren müssen. Es stellt einen selbstbewussten, zum Betrachter
auf Distanz gehenden Mann dar, in dessen Augen- und Mundpar-
tien Spott und Ironie aufblitzen. Verglichen mit Franz Kuglers
Bleistiftzeichnung vom Juli 1830, die das Halbprofil eines ernsten,
konzentrierten, nach innen gekehrten Menschen erkennen lassen, und Kuglers Lithographie von 1832, die einen nachdenklich-
versonnenen, sich zurücknehmenden Mann im vierten Lebens-

Joseph von Eichendorff. Nach der Natur gezeichnet und radiert von Eduard Eichens, 1840. Einziges zu Lebzeiten bekannt gewordenes Porträt, im «Musenalmanach für das Jahr 1841» erschienen

jahrzehnt zeigen, wirkt Eichendorff nun im Dreiviertelprofil der Radierung distinguierter, förmlicher und überlegener: zweifellos, eine Autoritäts- und Amtsperson, freilich eine, von der man sich vorstellen kann, dass sie sensibel und verletzbar, zugleich aber jederzeit gewappnet ist, um bestimmt und angemessen zu reagieren.

Für Eichendorff war Ironie keine Frage rhetorischer Wendungen, sondern eine Form des Bewusstseins, um das momentan Bestehende in ständiger Distanzhaltung zu beurteilen und so dessen Unzulänglichkeit und Borniertheit transparent zu machen. Täuschung, Mummenschanz, Verkleidung, Verstellung, Selbstparodie, rasche Wechsel von Scherz und Ernst, die Aufhebung der Gegenwart als komödiantisches Spiel und schließlich der rasche Umschlag des scheinbar Erhabenen ins wahrhaft Lächerliche: Das ganze Spektrum romantisch-ironischer Denkformen und Gestaltungsmittel lässt sich in Eichendorffs Werken und Schriften auffinden. Ironie und Satire dominieren in Stücken wie *Krieg den Phi-listern* und *Meierbeth's Glück und Ende* und in den Erzählungen *Viel Lärmen um Nichts*, *«Auch ich war in Arkadien!»* und *Libertas und ihre Freier*. Es gibt kaum ein Werk des Dichters, das nicht ironische Wendungen und Satire-Elemente enthielte. Figuren wie Dryander und Faber sind aus romantischen Ironie-Konzeptionen entstanden, die sie verkörpern und zu denen der Erzähler seinerseits eine ironische Distanz aufbaut. Wo philiströse Bürgerlichkeit in den Blick genommen wird – der Bogen reicht von *Ahnung und Gegenwart* über den *Taugenichts* bis zur späten Erzählung *Die Glücksritter* –, sind Ironie und Satire die konstitutiven Mittel des Erzählers. Ironisch-satirische Elemente sind Eichendorff'scher Lyrik nicht fremd; zu erinnern ist an Gedichte wie *Mandelkerngedicht*, *Der Isegrimm*, *Der Unverbesserliche* und *Frisch auf!*[241] mit ihrem Spott über Bürokratie und Beamte.

Die satirische Tradition, die Eichendorff aufgriff, reicht zu Tieck und Brentano zurück. Tiecks dramatische Märchenphantasie «Der gestiefelte Kater» und sein «Prinz Zerbino» waren Komödien voller romantischer Ironie, während Brentanos Satire «Der Philister vor, in und nach der Geschichte» die wichtigste Quelle für Eichendorffs Philisterbegriff bildete. Sein Gebrauch der Philisterformel, noch verwurzelt im Verwendungszusammenhang der eigenen Studentenzeit[242], war weiter gefasst als derjenige Brentanos, weil das Philistertum nun eine epochale historische Signatur erhielt: Das philiströse Zeitalter stand in *Krieg den Philistern* zur Debatte. Brentanos Typensatire erweiterte Eichendorff zur Zeitsatire. Wurde vorher der Bürger als Philister verspottet, so karikierte der Dichter nun im Philister nicht eine bestimmte Verhaltens- und Denkweise, sondern den eigentlichen Repräsentanten der Zeit. Damit sind auch die *Poetischen*, auf der vordergründigen Handlungsebene die Gegenspieler der Philisterpartei, in die Zeitkritik einbezogen – als deren literarische Variante. So führt das Stück einen Scheinkonflikt vor: Der Biedermann, welcher nichts weiter zu seinem Glücke benötigt als *eine gute Tasse Kaffee im Freien, und eine Stange Zigaro dazu*[243], und der pseudoromantische Schwärmer und Dilettant sind identisch, auch wenn sich dieser zu *alten Ritterbildern*[244] bekennt und die fünf Akte, fünf *Abenteuer*, hindurch glaubt, er kämpfe für die *münd'ge Zeit*.[245] Mit diesem

Schlagwort hat Eichendorff eine weiteres satirisches Angriffsziel benannt. Sein Philister-Drama thematisiert die Aufklärung, die er im preußischen Staatsapparat als Karikatur selbst kennen gelernt hatte.

Dass Aufklärung gerade in einer dramatischen Märchenform zur Sprache gebracht wird, potenziert den satirischen Gestus, mit dem verordnete Freiheit und reale Unfreiheit aufeinander bezogen werden. *Sich tief,* wie es in einer Regieanweisung heißt, *vor dem Regenten verneigend,* wiederholt ein gehorsames Volk die Mündigkeitsparole ihres Herrschers, in Jubel ausbrechend und die Losung *Es leb' die Freiheit hoch!* auf den Lippen.[246] In *Krieg den Philistern* bahnt sich das *ungeheure Schiff auf künstlichen Walzen*[247], das bürokratisch-mechanistisch gelenkte Staatsschiff, mühsam seinen Weg durch die Zeit. Die Staatsschiff-Satire galt dem System, in welchem auch der Beamte Eichendorff in einer Nebenrolle mitspielte und zu dem nicht zuletzt Schriftsteller und Dichter ihren Beitrag leisteten. Symbolischer Ausdruck der Gemeinsamkeit von Akten füllender Bürokratie und den Promotoren der schreibenden Medien aber ist das Papier, von dem der Narr sagt: *Die Zeit braucht viel Papier, Papier braucht Lumpen, o lumpige Zeit!*[248] Autor und Publikum, Teegesellschaft und gebildetes Volk sind Teil des satirischen Personals. Schon in der Satire *Krieg den Philistern* begann Eichendorff damit ein Thema zu entdecken, das er bis zu *Libertas und ihre Freier* immer wieder neu bearbeitete. In der Literatur-Satire wurde Literatur ihr eigener Gegenstand: eine Form literarischer Selbstreflexion, die zugleich mit Standortbestimmungen ihres Autors sowie den Kontroversen widerstreitender literarischer Richtungen zusammenhing. So finden sich literaturkritische Anspielungen in Eichendorffs einzigem Lustspiel *Die Freier* (1833), einer dreiaktigen Verwechslungs- und Verkleidungskomödie mit Kammerjungfern, Musikanten, männerverachtenden Gräfinnen und Jägern, und mehr noch in dessen fragmentarisch gebliebener erster Fassung, *Wider Willen*[249].

1828 erschien *Meierbeth's Glück und Ende,* eine Dramensatire, die aus Anlass einer öffentlichen Debatte um eine «Macbeth»-Übersetzung Joseph Meyers entstand, des späteren Gründers des Bibliographischen Instituts und erfolgreichen Lexika-Verlegers. Der Autor entwirft ein satirisches Bild des zeitgenössischen Literaturbetriebs. Dabei geht es keineswegs nur um einige Seitenhiebe auf ein paar Zeitsymptome des Marktes, wie etwa die Leidenschaft, mit der die Ritterromane Walter Scotts gelesen wurden. Literatur beliefert die Gesellschaft mit unterhaltender Lektüre und Stoff für gepflegte Konversation, mit Schriftstelleridolen und Kultbüchern. Das literarische Medium ist zum Verwertungsgegenstand diverser literarischer Institutionen geworden. *Frisch, Novellisten! Auf zum Heldenpressen!* [250], heißt die Losung. Nicht Dichter, sondern *Literatoren* treten auf, ihnen dicht auf den Fersen die *Rezensenten.*

Noch entschiedener wurde in der Novelle *Viel Lärmen um Nichts* das Literatursystem zum Gegenstand satirischer Kritik. Der Angriff kulminiert im Bild einer gigantischen Literaturmaschinerie, die, einmal in Gang gesetzt, nicht mehr aufzuhalten ist, sondern sich ständig über die einzelnen Funktionsteile – Produzenten, Verleger, Rezensenten, Publikum – selbst erneuert. In der Novelle bestimmt Literatur den Alltag, und zwar nicht allein als Gesprächsgegenstand, Tagesthema und Zerstreuungsform, sondern als Leitmedium alltäglicher Wahrnehmung. Es gehört zum

Aurora war ganz verblüfft, und wußte nicht, wohin sie in dem Getöse sich wenden sollte, als eine, wie es schien, mit Dampf getriebene ungeheure Maschine durch die Eleganz ihres Baues ihre besondere Aufmerksamkeit auf sich zog. Sie näherte sich neugierig und bemerkte, wie hier von der einen Seite unablässig ganze Stöße von dicken, in Schweinsleder gebundenen Folianten in den Beutelkasten geworfen wurden [...]. «Das will wieder nicht vom Fleck!», rief Herr Publikum den Arbeitern zu; «rasch, nur rasch!» – Darauf führte er die Gräfin an das andere Ende der Maschine und es dauerte nicht lange, so spuckte ein bronzener Delphin die verarbeiteten Folianten als zierliches «Vielliebchen» in Taschenformat und in Maroquin gebunden zu ihren Füßen aus. Publikum überreichte es, als das Neueste vom Jahre, galant der Gräfin.
Viel Lärmen um Nichts, Werke 3, S. 27 f.

Raffinement der satirischen Erzählweise, dass Eichendorff in ironischer Doppelung die unter das Shakespeare'sche Motto gestellte Novellenhandlung mit ihren Verwicklungen, Verstellungen, Verkleidungen und komödiantischen Spielelementen im Lese-, Gesprächs- und Novellenstoff seiner handelnden Figuren spiegelt. So überrascht es nicht, wenn Figuren aus *Ahnung und Gegenwart,* wie Leontin und Faber, in *Viel Lärmen um Nichts* wiederkehren und sich mit entsprechendem Werkverweis vorstellen, und wenn am

Ende der Verfasser gleich in die Rolle von zwei Figuren schlüpft, einmal in gestelztem Beamtenton als *Schreiber dieses*[251], der auch bei Herrn Publikum vorzusprechen gedenkt und dem Aurora am Ende das Manuskript *kopfschüttelnd*[252] gibt, ein andermal in sublimen autobiographischen Anspielungen als deren Liebhaber Willibald, dessen Name zugleich auf E.T.A. Hoffmanns Erzählung «Die Räuber» verweist. Der selbstironische Gestus hebt hervor, dass Eichendorff sich nicht auf eine Satire der Trivial- und Massenliteratur und des Dilettantismus beschränkt, sondern die Literatur insgesamt in ihrer systemischen Mechanik beobachtet. Das Spektrum der satirischen Anspielungen auf zeitgenössische Literatur-Größen ist breit gefächert und reicht von E.T.A. Hoffmanns Spukgeschichten und Pücklers Reiseliteratur über die *ästhetischen Grafen und Barone*[253] wie Loeben und Fouqué zu den *Entführungsgeschichten*, die *in den schmierigen [...] Romanen aus der Leih-Bibliothek*[254] zu finden sind.

Eichendorffs satirische Distanz zu den zeitgenössischen Mechanismen des literarischen Lebens ist notwendigerweise stets auch eine selbstkritische Vergewisserung der eigenen Position. Er ist als Schriftsteller in das System eingebunden, das er verspottet. Seine Satiren sind Beispiele für die Selbstthematisierung von Literatur im Medium der Literatur, für die Opposition gegen den Literaturbetrieb in den Systemgrenzen dieses Betriebs; denn *Krieg den Philistern* und *Meierbeth's Glück und Ende* waren von innen heraus, aus intimer Kenntnis der zeitgenössischen Literatur, ihres Marktes und ihres Publikums entstanden und fanden auch innerhalb des Systems ihre Verbreitung. So karikaturenhaft auch *Literatoren* und *Novellisten* erscheinen mögen, Eichendorff selbst hat für Journale geschrieben und Novellen verfasst, von denen er hoffte, dass sie ein breites Publikum fänden. Eine poetische Existenz jenseits des Systems ließ sich nur in fiktionalen Gegenentwürfen realisieren, in Figuren wie Florentin oder dem Taugenichts, deren Poesie sich keiner Aufschreibsysteme bediente.

Eichendorff lebte in einem Zeitalter, das einen Aufschwung der (Print-)Medien ohnegleichen erlebte. In der erst postum veröffentlichten politisch-satirischen Novelle *Auch ich war in Arkadien*[255], die wohl 1832 gleich nach dem Hambacher Fest entstand, einem Forum liberaler Opposition, das bürgerliche Freiheiten,

Das Hambacher Fest, 27. Mai 1832. Aquarell von Böhm
nach einem zeitgenössischen Holzstich

Grundrechte und konstitutionelle Verfassungen forderte, thematisiert der Satiriker die Macht der Presse. Das Hambacher Fest war
eines der ersten großen Medien-Ereignisse in Deutschland; Orga-
nisatoren, Redner und Berichterstatter kamen aus der Zeitungs-
und Zeitschriftenbranche. Eichendorffs Satire verlegt das Hambacher Schloss auf den Blocksberg und verfremdet die Versammlung
zur abenteuerlichen Spuk- und Tumultnacht. Schon im Erzähleingang verknüpft Eichendorff politische Satire mit Elementen
der Literatursatire. Im Gasthof *Zum goldenen Zeitgeist* wird um Romane wie *Schlegel's Luzinde*[256] gestritten, eine Anspielung auf die
sich gerade an diesem Werk entzündende Debatte um die Emanzi-
pation der Frau. Es haben sich einige Herren in einen Leseraum zu-
rückgezogen, wie es ihn seit dem 18. Jahrhundert in Kaffeehäu-
sern und Bibliotheken gab, um Zeitungen zu studieren. Die Lese-
halle wird vom Erzähler zur modernen Kathedrale erhoben, in der
die Macht der Journale eine ehrwürdige Aura erhält, der sich die
Leserschaft devot unterwirft.

Eichendorffs letzte Satire, fast achtzehn Jahre später entstanden, ist das zunächst als Drama geplante und später als Erzählung ausgeführte, zu Lebzeiten nicht veröffentlichte Märchen *Libertas und ihre Freier*. Es entstand Anfang 1849, also in engem Bezug zur Revolution von 1848, und war als kritischer Kommentar gedacht. Die Figuren des Märchens stehen stellvertretend für unterschiedliche Gesellschaftsgruppen. Rüpel, ein noch weitgehend gebändigter, tölpelhafter, aber potenziell wegen seiner Kraft gefährlicher Riese, symbolisiert das in der Revolution nur in einer politischen Nebenrolle agierende Proletariat, während Dr. Magog, ein Intellektueller des Vormärz, und Baron Pinkus, Bourgeois und auf opportunistische Weise liberal, um Libertas, die schöne Frau, streiten. Die Märchenform schuf Distanz zu vordergründiger Aktualität und bot zugleich einen Phantasie-Freiraum, der den Gegenstand in die Fiktion des Fremden und Wunderbaren überführen konnte: ein Verwirrspiel mit der Realität, deren «Tiefe» sichtbar werden sollte. Eichendorffs Satire ist, wie jede Satire, eine Art Utopie ex negativo, weil sie in der verkehrten Welt eine andere einklagt, die (noch) nicht existiert. Die allegorische Libertas-Gestalt bildet eine Gegenfigur zu den satirischen Akteuren; sie vertritt freilich kein politisches Programm und hält in ihrer Vieldeutigkeit die kritische Perspektive der Erzählung offen. Ihr gegenübergestellt ist jene bürgerliche Utopie, die in der Revolution von 1848 nicht verwirklicht wurde und von deren ramponierter Erscheinung Eichendorff in vielen seiner Werke und

«Wehe und abermals wehe! die Libertas ist geknechtet!» «Libertas? wer ist die Person?» fragte Rüpel. «Libertas?» erwiderte Magog, «Libertas ist die Schutzpatronin aller Urwälder, die Patronin dieses langweiligen – wollt sagen: altheiligen Waldes.» – «I bewahre», fiel ihm hier die Riesin ins Wort, «unsere Grundherrschaft ist das gnädige Fräulein Sybilla da draußen.» – «Was? Die mit den Papilloten und großen Haubenschachteln?» rief Magog, den dieser unerwartete Einwurf ganz aus dem Konzept gebracht hatte. Aber er faßte sich bald wieder. «Grundherrschaft!» fuhr er fort, «schützt die Grille Krokodile, der Frosch das Rhinozeros, der Weißfisch den Haifisch? – Wer die Macht hat, ist der Herr und Ihr habt die Macht, wenn die Libertas regiert, und habt die Macht nicht, wenn die Libertas gefangen ist, und die Libertas ist gefangen – ich frage also nochmals, wollen wir das dulden?»

Libertas und ihre Freier,
Werke 3, S. 574

Schriften ein anschauliches Bild entworfen hat: Das Erbe dieser Utopie, *Aufklärung, Intelligenz und Menschenbeglückung*[257], verkommt zur bloßen Parole.

Im Bild des Schlosses, das zur Fabrik geworden ist und nun von Baron Pinkus bewohnt wird, nimmt die Satire vom industriellen Kapitalismus Kenntnis: Ein *Schloß in Deutschland mit dicken Pfeilern, Bogentor und Türmchen, von denen Wind und Regen schon manchen Schnörkel abgebissen hatten,* erweist sich als Fabrik, aus der *ein entsetzliches Rumoren, Seufzen, Stöhnen und Zischen* zu vernehmen ist, *als würde drin die Welt von neuem erschaffen.*[258] Der Märchenbaron und *Staatsbürger* Pinkus, der vor seiner Nobilitierung *auf dem Trödelmarkt in Berlin den ganzen Nachlaß des seligen Nicolai [...] für ein Lumpengeld erstanden*[259], ist zum Inbegriff eines kalten, verödeten Zeitalters geworden, das sich unter die Prinzipien der Nützlichkeit und Berechenbarkeit gestellt hat: *So war also der Staatsbürger Pinkus ein überaus reicher Mann und Baron geworden, und befand, dass alles gut war.*[260] Der Erzähler zitiert ironisch den *Taugenichts*-Schluss und erinnert so an die profane Wirklichkeit des neuen Märchens. Auch Dr. Magog, der Antagonist der Handlung, ist keine positive Gegenfigur zu Pinkus, weil dieser mit ihm den Hang zur Phrase, die Neigung zur egoistischen Übervorteilung und, seinem sprechenden Namen gemäß, zur demagogischen Entmündigung anderer hat. Pinkus, der Herrscher über ein industrielles Imperium, hat in Magog insofern eine Spiegelfigur, als dieser die Herrschaft über unaufgeklärte Massen anstrebt. Beide sind Karikaturen dessen, was Eichendorff an anderer Stelle *falsche Aufklärung* genannt hat. Und Rüpel? Das Volk ist nach der Revolution wieder ruhig und brav nach Hause zurückgekehrt, friedlich geworden wie Pinkus und Magog. Der Schluss der Satire ist weder moralisierend noch resignativ. Heiter nimmt die Erzählung Abschied von ihren Karikaturen. Das Ende hält fest, dass sich, eine sublime Provokation des Textes, wohl nichts ändert, zumal den Sitz der Libertas, die so viel Unruhe und Verwirrung gestiftet hatte, *seitdem niemand wieder aufgefunden hat*[261].

Der späte Eichendorff

In «willkommener Zurückgezogenheit»

Schon im Mai 1843 war Eichendorff von Berlin nach Danzig gereist, um möglichst am Ort die Geschichte der Wiederherstellung der Marienburg zu schreiben und damit den letzten Amtsauftrag zu erfüllen. Aus der Reise wurde ein bis Ende 1847 dauernder Aufenthalt in einer Stadt, in der er bereits zwischen 1821 und 1824 gewohnt und vor 20 Jahren am *Taugenichts* gearbeitet hatte. Danzig widmete er eines seiner schönsten Gedichte, das Pfitzner 1907 vertonte.[262] Die Provinz hatte diesmal keinen Schrecken mehr. Noch sichtbar geschwächt von einer schweren Lungenentzündung und «elend»[263] war Eichendorff in die Stadt gekommen. Unterkunft fand er bei seiner Tochter Therese und seinem Schwiegersohn Ludwig (Louis) Besserer von Dahlfingen, der seit 1837 an der Danziger Divisionsschule unterrichtete. Als dieser im November 1847 nach Berlin versetzt wurde, folgten auch die Eichendorffs, die sich seit Danzig mit Therese, Louis und deren Kindern Otto und Max eine gemeinsame Wohnung teilten.

Eichendorff hat nicht allein wegen haushaltsökonomischer und finanzieller Überlegungen diese Wohnpraxis akzeptiert. Er hat sie vielmehr schon deshalb begrüßt, weil er Gesellichkeit und Geborgenheit im Familienkreis sehr schätzte.

NACHTS
Danzig 1843

Dunkle Giebel, hohe Fenster,
Türme tief aus Nebeln sehn,
Bleiche Statuen wie Gespenster
Lautlos an den Türen stehn.

Träumerisch der Mond drauf scheinet,
Dem die Stadt gar wohl gefällt,
Als läg' zauberhaft versteinet
Drunten eine Märchenwelt.

Ringsher durch das tiefe Lauschen,
Über alle Häuser weit,
Nur des Meeres fernes Rauschen –
Wunderbare Einsamkeit!

Und der Türmer wie vor Jahren
Singet ein uraltes Lied:
Wolle Gott den Schiffer wahren,
Der bei Nacht vorüberfährt.

Werke 1, S. 443

Besserers Tätigkeit als Lehrer in der Kadettenanstalt konfrontierte Eichendorff unmittelbar mit allen Fragen preußischer Politik. Die

Verwaltung von Sedlnitz erforderte ökonomischen Sachverstand im Alltag. Außerdem nahm er hier Anteil am Leben der Kinder und deren Nöten, etwa an der Epilepsie seines Enkels Otto, an Thereses und Luises Krankheiten, Hermann von Eichendorffs Bemühungen um Assessor-Diäten in Potsdam und Rudolf von Eichendorffs drückendem Offiziersleben fern in der Provinz. Obwohl Eichendorff, in diesem Punkt ein Preuße, auf Distanz und Diskretion achtete: seine Briefe sind voller Andeutungen über Kümmernis und Mitgefühl, wenn er von Krankheiten der Kinder und Enkel sowie schwierigen Schwangerschaften, Totgeburten und frühem Kindstod berichtet. In den Briefen an die Kinder fällt auf, dass Eichendorff auf jede Form pädagogisch-patriarchalischer Belehrung und Prinzipienreiterei verzichtete, gerade so, wie es seine lebenslange Aversion gegen die *pädagogisch[e] Fabrik*[264] und ihre hölzernen Methoden erwarten ließ.

Der Alltag ließ Eichendorff seit 1844 viel Muße zum Schreiben. So knüpfte er an seine Beschäftigung mit spanischer Dichtung des klassischen Zeitalters wieder an, nachdem er schon 1839 spanische Romanzen ins Deutsche übertragen hatte. Die Übersetzungsarbeit indes ging langsam voran. 1846 erschien der erste von zwei Bänden der «Geistlichen Schauspiele» von Pedro Calderón de la Barca bei Cotta in Stuttgart; erst 1853 folgte der zweite. Umfangreiche literarhistorische Studien von der Schrift *Über die ethische und religiöse Bedeutung der neueren romantischen Poesie in Deutschlands* (1847) bis zur *Geschichte der poetischen Literatur Deutschlands* (1857) sind eindrucksvolle Belege für disziplinierte Arbeitsprojekte, die ausgedehnte Nachforschungen, Lektüren und synoptische Einsichten in bekannte und weniger bekannte Literaturgeschichten erforderten.[265]

Der Winter 1846/47 führte Eichendorff nach Österreich und ein letztes Mal nach Wien. Er nahm an der Abschiedsmatinee teil, die Robert und Clara Schumann gaben, und traf mit dem Komponisten seiner Lieder zusammen. Clara Schumann überlieferte Eichendorffs Urteil zur Vertonung seiner Texte; Schumann «habe seinen Liedern erst Leben gegeben»[266]. Der Dichter wurde mit einigen österreichischen Schriftstellern bekannt, darunter Adalbert Stifter, der später mit Eichendorffs in Baden bei Wien lebender Schwester Louise befreundet war. Die im 1840 gegründeten literarisch-künstlerischen Verein «Concordia» versammelten Musiker, Literaten und Bühnenschauspieler feierten und ehrten den Dichter am 23. Januar 1847. Am 25. Januar 1847 folgte eine weitere Ehrung im Wiener Musikverein.

Es gibt keinen Anlass, Eichendorffs Alltag nach 1844 romantisch zu verklären oder umgekehrt besonders schwarz zu malen. Seine Pension war schmal, aber sie ließ, auch wenn die schriftstellerische Tätigkeit aus seiner Sicht enttäuschend wenig einbrachte, einen kalkulierbaren Spielraum für das auskömmliche, durchaus nicht unstandesgemäße Leben eines früh verarmten Landadligen mit entsprechender Haushaltsführung samt Bedienten. Er war auf Mietwohnungen im größeren Kreise seiner Familie angewiesen. Dass er auf manche Reise zu Verwandten, Hochzeiten und Taufen aus ökonomischen Gründen verzichten musste, darüber schrieb er in seinen Briefen freimütig. Mit knappen Mitteln rechnen und seine finanziellen Möglichkeiten richtig einschätzen musste er zu allen Zeiten. Vor diesem Hintergrund war es verständlich, dass sich Eichendorff keineswegs weltfremd in verträumte Winkel zurückzog, sondern die Teuerungswelle der vierziger Jahre, Inflation, Lebensmittelknappheit und nicht zuletzt Mietwucher am eigenen Leibe erfuhr. Seuchen und Epidemien – die gefährliche Cholera, die noch 1831 in Berlin zwei Dritteln der Erkrankten das Leben kostete, Typhus und nicht zuletzt die zunehmend in Städten sich verbreitende Tuberkulose – waren höchst konkrete Bedrohungen. Mancher Wechsel in eine Sommerwohnung im Tiergarten und mancher Sommeraufenthalt in Sedlnitz, Spuren adliger Lebensgewohnheiten, waren auch ein Ausweichen vor Krankheits- und Seuchengefahr im großstädtischen Wohnmilieu, nicht zuletzt mit Rücksicht auf Luise, die sich 1848 nur mühsam von einer schweren Krankheit, einem «hartnäckigen Leberleiden»[267], erholte und immer wieder Rückfälle erlitt. Die Familie, auch der jahrzehntelange Anschluss an Therese, Louis und die Kinder, bedeutete für Eichendorff eine Art Refugium, das ihm Schutz- und Freiraum zugleich bot. Eichendorff hatte seine Arbeitsmöglichkeiten, sein Zimmer; und wenn es im Sommer nach Sedlnitz ging, so bestellte er, wie zuletzt 1853, beim Verwalter einen *Tisch zum Schreiben [...] mit einer geräumigen Schublade zum Verschließen und 100 Stück Cigarren*[268] im Voraus. Schön, dem er neben wenigen guten Bekannten und Freunden schon einmal etwas näher Einblick ins Privatleben gewährte, weil dieser die Familie seit 1821 kannte, hatte Eichendorff seinen Alltag näher charakterisiert. *Ich habe Muße genug*, schrieb er im August 1852, *zu meinen Lieblings- und, wie ich mir einbilde, eigentlichen Berufsbeschäftigungen, bin eigentlich gesünder, als in meinen mittleren Jahren, und lebe in willkommener Zurückgezogenheit im Kreise meiner Familie.*[269]

Es gab bei Eichendorff keine Neigung, das eigene Künstlertum als Lebensform öffentlich zu inszenieren und nach außen in der Rolle als Schriftsteller aufzutreten. Das *Incognito*-Motiv kam der distanzierten, eher unauffälligen Beobachterposition entgegen. Die Konturen des Autors Eichendorff waren seit dem Beginn der vierziger Jahre für die Zeitgenossen so verschwommen, dass manche ihn für längst verstorben hielten. Lexika meldeten gar seinen Tod.[270] So wuchs in der literarischen Öffentlichkeit das Bewusstsein von der Historizität des Werkes, das zunehmend als Zeugnis vergangener Romantik gelesen wurde. Eichendorff verstärkte diese Rezeptionshaltung noch; denn er veröffentlichte nach den *Glücksrittern* lange Zeit keine neuen literarischen Werke mehr, während seine Wirkung als (höchst lebendiger und eigenwilliger) Literaturkritiker und Literarhistoriker öffentlich nicht durchschlug. Dass der Autor noch lebte, war deshalb für die, die es erfuhren, zuweilen eine echte Sensation.

Wer Eichendorff begegnete, suchte in seiner Gestalt sogleich die romantische Figur und berichtete entweder, wie Ludwig Pietsch, enttäuscht, der Dichter habe leider «so wenig der Vorstellung» entsprochen, die er sich in der «Phantasie […] vom Verfasser des Taugenichts gemacht hatte»[271], oder identifizierte, wie Theodor Storm, die frühe Begeisterung für Eichendorff mit dem Autor und sah nichts als einen leibhaftigen romantischen Poeten, der schon durch seine bloße Anwesenheit das eigene Dichtertum adelte. So schrieb Storm, der den mit dem Dichter befreundeten Kunsthistoriker und Porträtisten Franz Kugler im Februar 1854 zu einem «Eichendorff-Diner» überredet hatte, an dem auch Paul Heyse und Theodor Fontane teilnahmen: «Er ist ein Mann von mildem, liebenswürdigem Wesen, viel zu innerlich, um, was man gewöhnlich vornehm nennt, an sich zu haben; in seinen stillen blauen Augen liegt noch die ganze Romantik seiner wunderbaren poetischen Welt. Er ist übrigens schon ganz weiß. [...] Es war mir ein eignes Gefühl, einen Mann persönlich zu sehen und zu sprechen, mit dessen Werk ich seit achtzehn Jahren in intimstem Verkehr gestanden und der neben Heine schon in meiner Jugend den größten Einfluss auf mich gehabt hat. Ich sagte ihm das auch, und er war sehr herzlich und lieb.»[272]

Auch nach seiner Pensionierung blieb Eichendorff gleichsam Dichter und Beamter, der die Produktivität

Franz Kugler. Stahlstich von E. Mandel nach einer Zeichnung von A. von Menzel

des Schreibens entdeckt hatte, aber weder zum Taugenichts mit Geige und Sonntagsgemüt noch zur exorbitanten Künstler- und Boheme-Existenz taugte. Nüchternheit in der Beurteilung der eigenen literarischen Produktion gehörte zu seinen Tugenden. Diejenigen, die ihn schätzten, überschüttete er keineswegs mit enthusiastischer Dankbarkeit. Manchen früheren Kontakt hat Eichendorff, gewiss kein großer Briefschreiber, nicht weiter gepflegt. So gesellig Eichendorff war, er blieb auf Distanz und öffnete sich anderen nur bis zu einem bestimmten Grade. Trotz der vielen Bekanntschaften und Kontakte baute er zu niemandem eine lebenslange, tiefe Freundschaft auf, die sein Leben und Handeln entscheidend mit geprägt hätte. Der Kreis, dem sich Eichendorff nach 1844 weiterhin zugehörig fühlte, schätzte den Dichter als einen im Umgang angenehmen, zurückhaltenden, geistreichen Gesprächspartner, um dessen Schriftstellerei offenbar wenig Aufhebens gemacht wurde. Der Rückzug in die familiäre *Trösteinsamkeit*[273] war kein Weg in die gesellschaftliche Isolation. Gelegentlich spottete er über alte Bekannte aus der Hitzig'schen Mittwochsgesellschaft, wie 1849 gegenüber dem Dichter Leberecht Dreves: *Meine hiesigen Bekannten theilen sich [...] in Solche, die Ihre Gedichte wohl verstehen, aber niemals schriftstellern, u. in Solche, die zwar beständig schriftstellern, aber Ihre Gedichte gewiß gar nicht verstehen.*[274] Zu den Letzteren zählte Eichendorff namentlich Wilhelm Häring, der unter dem Pseudonym Willibald Alexis schrieb, und Ludwig Rellstab. Auch in den fünfziger Jahren blieb Eichendorff ein recht breiter Bekanntenkreis, Friedrich Carl von Savigny, dessen Frau Gunda, die Schriftstellerin Bettine von Arnim, der Maler Peter von Cornelius, der Bildhauer August Kiß und der katholische Politiker August Reichensperger.[275]

Friedrich Carl von Savigny.
Gemälde von Franz Krüger

An den (Donnerstags-)-Gesellschaften des Zeichners, Kunsthistorikers und zeitweiligen Ministerialbeamten Franz Kugler, mit dem er befreundet und bei dessen Tochter Margarete er Pate war, nahm Eichendorff 1850 und 1851 häufig teil: ein Beleg mehr, dass der Dichter Geselligkeit und Gespräch auch im Alter und auch außerhalb der Familie pflegte und schätzte. Noch 1854 schrieb er an Jegór von Sivers, den Freund: *Auch die Donnerstage [bei Kugler] leben noch, immer noch die alten, Ihnen wohl bekannten Gesichter.*[276] Manche Klage über eine *enorme Langeweile,* welche Eichendorff auf *die Physiognomie Berlins* zurückführte[277], waren mit Stimmungen der Unlust und Resignation verbunden, für die ein Briefpartner wie Schön im fernen Preußisch Arnau, der gern etwas Antiberlinerisches hörte, empfänglich war.

Das Bedauern, kein *eigenes Haus*[278] machen, also aufgrund seines begrenzten Etats keine großen Gesellschaften geben zu können, erinnert an die Perspektive des Ökonomen Eichendorff. Zu dessen Alltagsgeschäften nämlich gehörte auch die dauernde Sorge um den Familienbesitz Sedlnitz. Das Gut war das zeitweilige Sommeridyll des alternden Dichters und seiner Familie. Die häufigen

Fahrten nach Sedlnitz erschienen auch im Urteil des Dichters in weitaus positiverem Lichte, wenn er die Atmosphäre der Zurückgezogenheit genießen konnte. An Schön schrieb er im November 1851 mit wehmütigem Rückblick auf den Sommer: *Die geordneten bäuerlichen Verhältnisse [...], mancherlei komfortable Verbeßerungen und Verschönerungen in Haus und Garten – wobei auch wieder ein Balkon – und endlich die völlige Abgeschiedenheit von dem hiesigen politischen Treiben hatte uns den Aufenthalt dort [...] so angenehm gemacht, daß wir uns ungern trennten.*[279]

1848

Ende Dezember 1847 waren die Eichendorffs, nachdem der Schwiegersohn Louis Besserer von Dahlfingen als Lehrer ans Berliner Kadettenkorps gegangen war, von Danzig in die preußische Metropole zurückgekehrt und wohnten bis 1855 ebenfalls im königlichen Kadettenhaus an der Neuen Friedrichstraße. Im März 1848, als Barrikadenkämpfe und Unruhen Berlin erschütterten, bis Friedrich Wilhelm IV. aus taktischem Kalkül die nationale Einheitsbewegung unterstützte, entlud sich jene explosive Atmosphäre, die Eichendorff und Schön seit Jahren diagnostiziert hatten. *Das Sündengraue Alte ist gerichtet, / Da Gott nun selbst die Weltgeschichte dichtet,* heißt es im Sonett *Will's Gott!*[280], dessen ursprünglicher Titel *Gute Aussicht – Democratie* noch deutlicher zeigt, dass der Dichter die Märzereignisse zunächst offenbar begrüßte. Allerdings schreckte ihn der *Lärm der Weltgeschichte*[281] auch auf, nachdem die Straßenkämpfe in die unmittelbare Nähe seiner Wohnung vordrangen. Eichendorff sorgte sich vor allem um die schwer erkrankte Luise. Sein Sohn Hermann berichtete: «Der Straßen- und Barrikadenkampf setzte sich gerade in dem von Eichendorff bewohnten Stadtteil mit besonderer Heftigkeit fest, so dass der Dichter mit seiner und seines Schwiegersohns Familie während der Nacht zur Sicherung des Lebens wiederholt den Aufenthalt wechseln und in fremden Häusern Zuflucht nehmen mußte.»[282] Das gerade bezogene Quartier jedenfalls war nicht sicher, und außerdem konnte sein Sohn Rudolf als preußischer Infanterie-Leutnant jederzeit zur gewaltsamen Niederschlagung der Revolution eingesetzt werden. Er sei *vor der Berliner Wirthschaft einstweilen geflüchtet*[283], schrieb Eichendorff am 25. Mai 1848 aus Dresden. Und als ihn ein Jahr später der republikanische Aufstand in der Dresdner Neustadt mit noch heftigerer Wucht erreichte, da hießen die nächsten Stationen der unfreiwilligen Reise Meißen, Köthen und dann wieder Dresden, bevor die Familie Ende September 1849 nach Berlin zurückkehrte.

Dass *man in den Staubwirbeln dieser Zeit fast nur dummglotzenen Augen oder leidenschaftlich verzerrten Parteigesichtern* begegnet sei [284], schrieb der Dichter zu Beginn des Jahres 1849 an Schön, den einzigen Dialogpartner, von dem er wusste, dass er ein offenes Wort ebenso schätzte wie ein fortwährendes Räsonnieren über die trübe Zeit. In diesem harschen Urteil klingt eine ambivalente Haltung zur Revolution durch, die auch den Gedichten von 1848 eigen ist. 1854 hatte Eichendorff sie zur Vorbereitung auf die 5. Auflage seiner *Gedichte* als Zyklus unter dem Titel *1848* [285] zusammengestellt: neun Texte, die «zu den schärfsten Äußerungen gehören, die aus der Zeit der Märzrevolution überliefert sind» [286]. Vor allem in den sechs Sonetten vermittelt eine leicht dechiffrierbare Naturmetaphorik den zeithistorischen Prozess: *Denn Deutschland dunkelt tief in Ungewittern, / Wo alle Quellen, Bäche, zorngeschwollen / Als Ströme donnernd von den Höhen rollen / Und Blitze, was der Sturm verschont, zersplittern.* [287] Wasser- und Wettermetaphorik, Bilder von Feuer, Brand und einstürzenden Türmen sind poetische Interpretationsformeln der Revolution. Die Erkenntnis, dass man die *alten Türme [...] längst schon wanken* sah, bevor sie von außen erschüttert wurden, ist konstitutiv für Eichendorffs Revolutionsverständnis.

Schon zehn Jahre vorher hatte er dies in der Novelle *Das Schloß Dürande* veranschaulicht und sich damit von konservativen Verschwörungstheorien abgegrenzt. In veränderten Konstellationen wurde 1848 der kritisch-distanzierende Blick auf das *Sündengraue Alte* erneut aktuell: *Das Sündengraue Alte ist gerichtet*, die bestehende Herrschaft, die starr und unbeweglich an längst Überlebtem festgehalten hat und gegen die sich nun revolutionärer Zorn richtet. Den restaurativen Machtapparat der Metternich-Ära hat die Geschichte längst eingeholt, er ist nicht wieder herzustellen: *Die Ströme werden nimmer rückwärts stauen, / Die Blitze werden zielen nach den Kronen, / Die Stürme rastlos fegen durch die Gauen.* Der Zyklus *1848* bezeugt eine klare Distanz zur *alt und faul* gewordenen Restaurationsgesellschaft, deren Fundamente längst brüchig waren und die nun das Rad der Geschichte nicht mehr zurückdrehen kann: *Es ist den frischen hellen Quellen eigen,/Was alt u. faul, beherzt zu unterwühlen/Und Wasserkünste unversehens u. Mühlen/ Wild zu zerreißen, wenn die Fluten steigen.* Versuche, den Zyklus *1848* auf eine exakte politische Position zu fixieren, sind zum Scheitern verurteilt, weil die Gedichte selbst sich zeitgenössischer Politik entziehen. Das letzte Gedicht des Zyklus, *Familienähnlichkeit*, wurde zum Dokument illusionsloser Verbitterung, in dem das Scheitern aller hochgestimmten Erwartung, der Sieg der Reaktion und der bedrückende Alltag des militärischen Belagerungszustands zusammenfallen: *Zwei Arten von Gethieren,/Nach Einem Schliff geschliffen:/Aufwarten, Apportiren,/So wie der Herr gepfiffen.//Wo zwei zusammenlaufen,/Zaust einer dem andern die Ohren,/Und all' zusammen raufen/Den Bruder, der verloren.//Die Einen nennt man Hunde,/Die Andern heißen Deutsche,/S' ist einerlei im Grunde/Und beiden gebührt die Peitsche.*[288]

Schon im Januar 1849 zeichnete sich für Eichendorff ab, dass die Revolution gescheitert war und, was ihn eher noch schreckte, sich der preußische Staat als *Säbelregiment* gewaltsamer Reaktion etablierte: *Das Pöbelregiment ist dumm, das Säbelregiment noch dümmer, u. so ärgere ich mich, ich mag mich stellen wie ich will, täglich tausendmal; u. der Aerger ist eine schlechte Muse.*[289] Noch resignativer, und diesmal nicht allein vor dem Hintergrund von Schreibhemmungen in Zeiten revolutionärer Erschütterungen, fiel Eichendorffs Urteil über den Fortgang der Ereignisse August 1849 aus: *eine reinpreußische Nationalität mit einem Staat aus der obligaten guten alten Zeit vor 1807. Es ist doch kein Zopf so ungeheuer, für den nicht irgend ein deutscher Kopf paßte.* Der spöttische Ton ist Ausdruck einer Desillusionierung, die Eichendorff verbittert formulierte: *Wahrlich, wenn ich jünger und reicher wäre, als ich leider bin, ich wanderte noch heut nach America aus; nicht aus Feigheit – denn die Zeit kann mir persönlich eben so wenig anhaben als ich ihr – sondern aus unüberwindlichem Ekel an der moralischen Fäulniß, die – mit Shakespeare zu reden – zum Himmel stinkt.*[290] Der Auswanderungswunsch war symbolischer Ausdruck des Ekels vor einer Gegenwart, in der es, wie es im 1850 entstandenen und im Todesjahr 1857 veröffentlichten *Auswanderer*-Fragment hieß, nur nach einen Wunsch gab: dorthin zu flüchten, *wo die Cigarre u. der Pfeffer wächst!*[291]

SPÄTWERK

Eichendorff beschied die meisten Anfragen nach literarischen Manuskripten seit 1844 abschlägig. Fast formelhaft schrieb er: *Ich habe durchaus nichts dergleichen vorräthig, und gegenwärtig auch nicht die Stimmung, den Mangel irgend genügend zu ersetzen.*[292] Es ist nicht leicht, die Gründe für jene *Stimmung* exakt zu ermitteln, die dem Dichten, nicht aber dem Schreiben an sich so ungünstig war. Eichendorff hatte keine existentielle Schreibkrise und keine Schreibphobie zu überwinden. Schon von ihrem Umfang her nehmen die späten Werke und Schriften einen breiten Raum im Gesamtwerk ein. 1844 hatte sich Eichendorff mit seiner Schrift *Die Wiederherstellung des Schlosses der deutschen Ordensritter zu Marienburg* aus preußischen Diensten verabschiedet – ein symbolischer Akt. Er arbeitete in den letzten Lebensjahren an den Versepen *Julian* (1853), *Robert und Guiscard* (1855) und *Lucius* (1857). Diese variieren im historischen Stoff die Opposition von tradierter Macht und subjektiver Bindungslosigkeit, umfassender Versöhnung und heilloser Zerrissenheit. Die Verserzählungen, die nach Bormann «einen den Autor selbst bestimmenden Widerstreit»[293] abbilden, konzentrieren sich auf den Entscheidungsmoment zwischen den Polen der jeweiligen Opposition. Die Protagonisten waren, wie so häufig bei Eichendorff, suchende, irrende, gefährdete Helden. Sofern sie ihren Kampf verlieren, wird ihr Untergang dramatisch entfaltet. Es gibt kein Gericht über sie, keine Botschaft für den Leser, die aus Bekehrungsgeschichten wie *Julian* und *Lucius* einen handlichen Predigtstoff gemacht hätte.

Im Zentrum des Spätwerks stehen Eichendorffs literarhistorische Schriften. Wer sie gegen deren vordergründige konfessionelle Optik studiert, vermag in ihnen zwar keine dem heutigen Wissensstand entsprechende Geschichtskompendien zu entdecken, wohl aber weithin vergessene, von seinen Zeitgenossen achselzuckend beiseite gelegte Texte zum Modernitätsdiskurs im 19. Jahrhundert. Seine Lessing- und Kleist-Porträts gehören dazu, aber auch sein Versuch, neuzeitliche Literatur aus dem *Kampf des Alten und Neuen*[294], einem spezifischen Moderne-Paradigma, zu entfalten. Zwar waren auch für Eichendorff Nation und Literatur ein organisches Ganzes, *Poesie [...] gleichsam der seelische Leib der inneren Geschichte der Nation*[295] und die Geschichte der Literatur daher eine

Geschichte der Bildung der Nation. Bedeutsamer aber war sein Insistieren auf der Rolle der Reformation als Zäsur und Beginn der
Koppelung von Literatur und Subjektivität: *Die Reformation hat
einen, durch alle ihre Verwandlungen hindurchgehenden Faden: sie hat
die revolutionäre Emancipation der Subjectivität zu ihrem Prinzip erhoben, indem sie die Forschung über
die kirchliche Autorität, das Indivi-
duum über das Dogma gesetzt; und
seitdem sind alle literarischen Bewegungen des nördlichen Deutschlands mehr oder weniger kühne De-
monstrationen nach dieser Richtung
hin gewesen.* [296] Nicht die Idee
einer Literatur als innerer Geschichte der Nation, sondern
eben dieser *Faden* der Emanzi-
pationsgeschichte, die Rekon-
struktion der Literatur aus der
kritischen Geschichte des Sub-
jektivitätsgedankens, macht sei-
ne Schriften zum Dokument für eine Historie des Modernitätsbe-
wusstseins. Seine historische und literarische Bildung und nicht
zuletzt seine verfügbare Zeit prädestinierten Eichendorff wie kaum
einen anderen zeitgenössischen Autor für literaturgeschichtliche
Großprojekte. Es war nur folgerichtig, dass es der Literarhistoriker
Eichendorff hier nicht mit unbedeutenden Verlagen zu tun hatte,
sondern mit Buchmachern wie Brockhaus und Schöningh.

Gleichsam die Kehrseite der rasch hintereinander verfassten
Literaturgeschichten war die immer wieder in Entwürfen, Plänen
und Fragmenten versandende Arbeit an einer Autobiographie. Bereits am Ende der dreißiger Jahre spielte Eichendorff autobiographische Konzeptionen durch [297], notierte er erste Überlegungen
zu *Unstern* und zum *Idyll von Lubowitz*. Vor allem der Rückblick auf
Kindheit und Jugend, für die Lubowitz zur Chiffre wurde, beschäf-
tigte ihn in den unterschiedlichsten Arbeitsphasen der Selbstbio-
graphie. Der Plan zu einem *Bilderbuch aus meiner Jugend*, der bis
1843 zurückreichte und 1854 noch einmal kurz aufgegriffen wurde, blieb am Ende ebenso unausgeführt wie die auf Barock-Roma-

> Es wird immerdar die Poesie einer
> besondern Zeit vorzüglich die Sitte
> und religiöse Anschauungsweise
> dieser Zeit, auch wo sie gegen die-
> selbe opponiert, bildlich abspie-
> geln. Denn selbst ihre sogenann-
> ten Ideale, soweit sie auch über die
> Gegenwart hinauszuschreiten
> scheinen, was sind sie im Grunde
> anderes als der Inbegriff aller
> Sehnsucht, Wünsche, Hoffnungen,
> der endlich Maßstab einer be-
> stimmten Zeit an das Unendliche,
> Unermeßliche legt?
> **Der deutsche Roman
> des 18. Jahrhunderts, 1851**

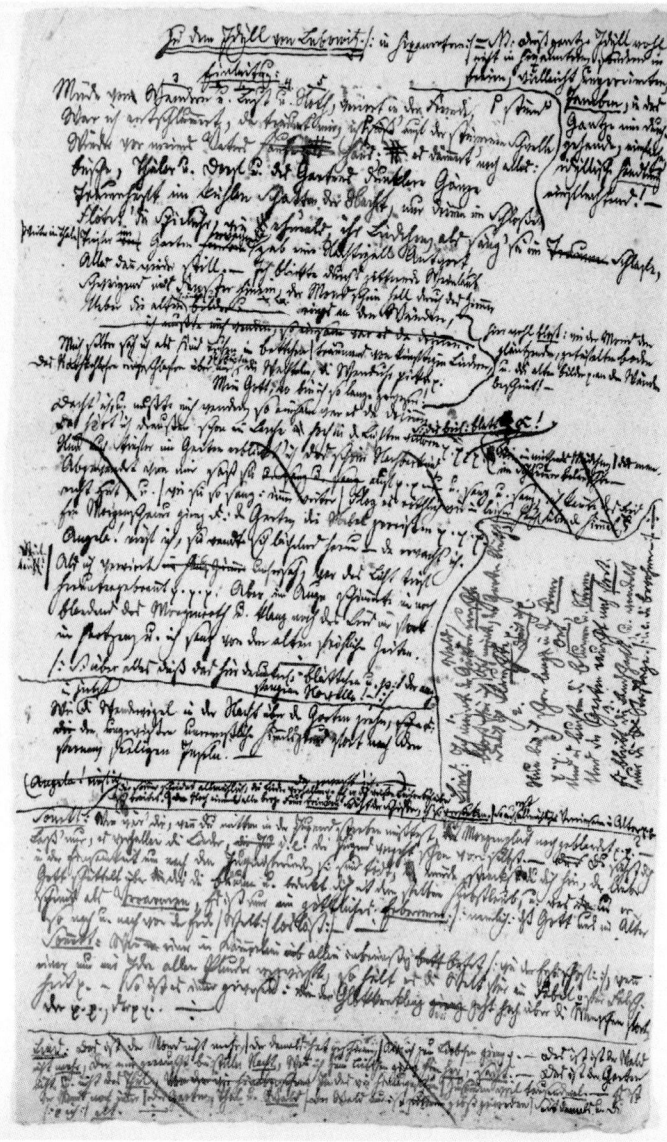

«Idyll von Lubowitz». Faksimile des autobiographischen Fragments (1839)

ne verweisende, in unterschiedliche Erzählebenen differenzierte *Tröst-Einsamkeit* und die mit historischen Rekursen und politischen Reflexionen angefüllte Schrift *Erlebtes*, von der zwei Kapitel vorliegen, *Der Adel und die Revolution* und *Halle und Heidelberg.*

Eichendorff hat unterschiedliche Erzählstrategien und -gattungen für seine Autobiographie durchgespielt: novellistische Entwürfe, ein *Märchen in Prosa*, Idyllen in Vers- und Prosaform und nicht zuletzt den literarischen Memoirenstil, der sich im *Unstern*-Fragment wie eine Zurücknahme der in Goethes «Dichtung und Wahrheit» auf Erfolg und Ruhm zugeschriebenen Dichterbiographie liest, zugleich aber auch die eigene Lebensgeschichte als diejenige eines Anti-Taugenichts[298] deutet. Facetten eines Selbstbildes scheinen zweifellos in den Fragmenten durch: der wehmütig in die verlorene Heimat der Kindheit zurückblickende Poet in den Lubowitz-Entwürfen; der zu spät gekommene, dem Glück ständig nachlaufende Dichter im *Unstern*, der Eremit in *Tröst-Einsamkeit*, der Historiker und Essayist in den fertigen Kapiteln von *Erlebtes*, in denen das autobiographische Ich fast verschwunden ist. Alles zusammengenommen ergibt noch keine Autobiographie. Hinter der fragmentarischen Form aber scheint mehr durch als zufällig liegen gebliebene Schreibarbeit. Schon Eichendorffs kritisches Insistieren auf der Rolle der Subjektivität ließ ein Parallelprojekt zu «Dichtung und Wahrheit» erst gar nicht zu. Welchen Status hat überhaupt noch das Ich, das die eigene Lebensgeschichte erzählen will? Schon in den ersten Entwürfen experimentierte der Autor mit Er-Formen, mied das Erzähler-Ich oder wählte, wie im Erzähleingang von *Tröst-Einsamkeit*, einen (Eisenbahn fahrenden) Ich-Erzähler, der vom Einsiedler berichtete. Mitten im Fragment notierte er sich die Frage: *Oder dieß doch mit: «Ich» erzählen!*[299] Solche Experimente verweisen gerade in ihrer Fragmentform auf Elemente genuin modernen Erzählens. Die Frage der Erzählbarkeit seiner Lebensgeschichte war für Eichendorff nicht mit dem Plan eines chronikalischen Lebensabrisses zu beantworten. Aus heutiger Perspektive liegen der Reiz und die Modernität der autobiographischen Fragmente gerade darin, dass Eichendorff keine Lösung fand.

LETZTE LEBENSJAHRE

Ebenso energisch und produktiv wie das Memoirenschreiben betrieb Eichendorff die Arbeit an seiner umfangreichsten literarhistorischen Arbeit, der *Geschichte der poetischen Literatur Deutschlands*, einem Auftragswerk, um das der Paderborner Verleger Schöningh ihn gebeten hatte. Es war *ein wahres Schmertzensbuch*[300], vor allem wegen der dramatischen Begleitumstände seiner Entstehung. Eine Kur seiner Frau in Karlsbad, die den Dichter nach eigenen Angaben hoch verschuldete, erbrachte keine wirkliche Linderung ihres Leidens. In Sedlnitz hatte sich durch offensichtliche Misswirtschaft des Verwalters die ökonomische Lage zugespitzt. Eichendorffs Sohn Rudolf übernahm 1855 das Familiengut. Noch eine weitere Zäsur sollte folgen. Mit der Versetzung seines Schwiegersohnes Besserer ins oberschlesische Neisse ging Ende 1855 die gemeinsame Berliner Zeit zu Ende. Aber bevor die Eichendorffs nach Neisse übersiedelten, erlitt Luise einen schweren Rückfall, sodass der Dichter mit ihr in Berlin bleiben musste. Erst am 14. November 1855 kamen beide in Neisse an. Luise von Eichendorff aber erholte sich nicht mehr; schon am 3. Dezember starb sie. Bereits im Frühjahr 1855 hatte Eichendorff die bedrückende Situation mit der Formel vom *schwere[n] kummervolle[n] Winter*[301] umschrieben. Der Verlust Luises bedeutete nun einen weiteren entscheidenden Schritt in die Vereinsamung. In einem der letzten Briefe an Schön, der im Juli 1856 starb, schrieb Eichendorff: *Wie ein Schiffbrüchiger, deßen Lebensschiff zerschlagen, rette ich mich an das nächste Eiland, und halte mich, da ich meine liebe Frau verloren, zu den Kindern.*[302]

Eichendorffs letzte Lebensjahre waren Jahre des Rückzugs aus der literarischen Öffentlichkeit – trotz selbstbewusster Honorarverhandlungen mit Verlegern, trotz fortgesetzter Korrespondenz. Der Abschied von Berlin schien ihm diesmal besonders leicht gefallen zu sein, die Provinz schreckte nicht. Ein paar Wochen der Abwechslung boten sich August 1856 in Johannesberg, der Sommerresidenz des Breslauer Fürstbischofs Heinrich Förster, den er einige Monate vorher kennen gelernt hatte. Förster war Eichendorffs Gesprächspartner und Freund in den letzten Lebensjahren. Der Rückzug veranschaulichte einen Wesenszug Eichendorffs, der engen Bekannten und Vertrauten nicht verborgen geblieben war. «Seine ganze Erscheinung trug das Gepräge einer an Schüchtern-

Eichendorffs Brief an den Sohn Hermann
zum Tode von Luise von Eichendorff (3. Dezember 1855)

Eichendorff im Jahre 1856. Daguerreotypie

heit grenzenden Anspruchslosigkeit; er war mittlerer Statur, zart
gebaut, im Verkehr freundlich entgegenkommend, wozu denn
auch der Ausdruck seines feingeschnittenen Gesichts stimm-
te.»[303] August Reichensperger, der die katholische Fraktion in der
Preußischen Volkskammer anführte, einer der Freunde Eichendorffs in den späten Berliner Jahren, hat mit dieser Charakteristik
Elemente hervorgehoben, die auch in den wenigen, zudem noch

unsicher überlieferten und heute teils verschollenen Altersporträts durchscheinen. Vergleicht man Eichens' Radierung von 1840 – das Porträt eines selbstbewussten, wachen und spöttisch-ironischen, distanzierten Beobachters, der den Betrachter scharf ins Auge fasst – mit den (wenigen) Zeichnungen und der späten Daguerreotypie, so fallen nicht nur die geschwächte Konstitution und der Alterungsprozess auf, sondern auch die markante Zurückgezogenheit des Blicks und der gesamten Person des Dichters. Im letzten Altersbild, einer Daguerreotypie aus dem letzten Lebensjahr, treten noch signifikanter Züge einer von Kummer und Krankheit gezeichneten, den vergeistigten Blick ins Unbestimmte und Weite richtenden, zugleich aber ernst und gefasst wirkenden Gestalt hervor, die – ein Effekt des leeren Bildhintergrunds – wie verklärt erscheint. Ein authentisches Bild jedenfalls vermögen weder die Daguerreotypie noch alle anderen Bildnisse zu vermitteln.

Nach Luises Tod arbeitete Eichendorff weiter, vollendete sein letztes Werk, die Verserzählung *Lucius*, und in großer Selbstdistanz die Abschnitte *Der Adel und die Revolution* sowie *Halle und Heidelberg*

O Thäler weit, o Höhen,
O schöner, grüner Wald,
Du meiner Lust und Wehen
Andächt'ger Aufenthalt!
Da draußen, stets betrogen,
Saust die geschäft'ge Welt,
Schlag' noch einmal die Bogen
Um mich, du grünes Zelt!

Wenn es beginnt zu tagen,
Die Erde dampft und blinkt,
Die Vögel lustig schlagen,
Daß dir das Herz erklingt:
Da mag vergehn, verwehen
Das trübe Erdenleid,
Da sollst du auferstehen
in junger Herrlichkeit!

Da steht im Wald geschrieben,
Ein stilles, ernstes Wort,
Vom rechten Thun und Lieben,
Und was des Menschen Hort,
Ich habe treu gelesen
Die Worte, schlicht und wahr,
Und durch mein ganzes Wesen
Ward's unaussprechlich klar.

Bald werd' ich dich verlassen,
Fremd in der Fremde gehn,
Auf buntbewegten Gassen,
Des Lebens Schauspiel sehn;
Und mitten in dem Leben
Wird deines Ernst's Gewalt
Mich Einsamen erheben,
So wird mein Herz nicht alt.
HKA I/1, S. 34 f.

für die geplante Autobiographie. Schon der enorme Umfang dieser beiden Kapitel zeigt die Arbeitsdisziplin und den festen Willen des Autors an, sich nicht in Selbstmitleid und Melancholie zu ergehen. Der Schreibstil ist präzis und sicher, witzig, ironisch und pointenreich. Nicht der Kummer der späten Jahre, sondern ju-

gendfrische Erinnerung bestimmt Eichendorffs autobiographische Prosa. Den Sommer 1857 über, von August bis Mitte September, besuchte er wieder Heinrich Förster in seiner prächtigen Sommerresidenz Johannesberg, hoch über dem kleinen Ort Jauernig. Im November 1857 erkrankte der nach Neisse zurückgekehrte Dichter lebensgefährlich und starb am 26. November 1857 an einer Lungenentzündung. Am 30. November wurde er neben seiner Frau Luise auf dem Friedhof der St. Jerusalemer Kirchengemeinde in Neisse begraben.

Anmerkungen

Eichendorffs Werke und Schriften werden zitiert nach den seit 1962 neu bearbeiteten Bänden der Historisch-Kritischen Ausgabe (= HKA; s. Bibliographie 1.1); die Bandzahl wird in römischen, die Seitenzahl in arabischen Ziffern angegeben, ältere HKA-Bände mit der Hochzahl 1 (=HKA¹). Diejenigen Werke und Schriften, für die noch keine Neubearbeitungen vorliegen, werden nach der von Frühwald, Schillbach und Schultz herausgegebenen sechsbändigen Werkausgabe zitiert (= Werke, Band- und Seitenzahlen in arabischen Ziffern; s. Bibliographie 1.2). Weitere Literatur wird in den Anmerkungen entweder vollständig nachgewiesen oder verweist mit einer Namenssigle (z. B. Stutzer 1974) auf die Bibliographie (Abschnitte 2–4).

1 HKA V/4, 39 f.
2 Vgl. Stutzer 1974, S. 113 ff. Das Schloss Lubowitz bekam 1823 fremde Besitzer und wurde 1858 in Tudorstil umgebaut. Im Februar 1945 wurde es zerstört.
3 Ebenda, S. 117
4 Ebenda, S. 115
5 Ebenda, S. 119
6 Lämmert 1978, S. 223
7 HKA I/1, 11 (aus dem Gedicht *Der frohe Wandersmann*)
8 Vgl. Korte 1999
9 Einen wichtigen Anteil daran hatte Paul Stöckleins Rowohlt-Monographie (Stöcklein 1963).
10 Stutzer 1974, S. 79
11 Briefe der Freiin Louise von Eichendorff an ihren Neffen Hermann. Mitgeteilt von Gustav Wilhelm. In: Aurora 4, 1934, S. 9 (Brief vom 27. 4. 1858)
12 HKA III, 73
13 HKA V/4, 113 ff.
14 Stutzer 1974, S. 32

15 Vgl. zum Betriebszusammenbruch von 1801 ebenda, S. 12 ff. und S. 121 ff.
16 Zit. n. Eichendorff-Chronik 1977, S. 15
17 Werke 5, 21
18 Briefe der Freiin Louise von Eichendorff, S. 8
19 Ebenda, S. 9
20 Werke 5, 144
21 HKA V/4, 130 (in *Der Adel und die Revolution*)
22 Christine Schodrok: Wilhelm von Eichendorff, des Dichters Bruder. In: Aurora 26, 1966, S. 12
23 Zit. n. Steinsdorff / Grunewald, S. 60
24 Zit. n. Schodrok: Wilhelm von Eichendorff, S. 12
25 Werke 5, 1063 (Entwurfsblatt zum Memoirenfragment *Erlebtes*)
26 Zit. n. Steinsdorff / Grunewald, S. 60
27 HKA I/3, 29
28 HKA V/4, 131
29 HKA I/3, 124 *(Liebe. Ode)*; Tagebucheinträge vgl. Werke 5, 95 ff.; zum biographischen Kontext vgl. HKA I/4, 196 f.
30 Werke 5, S. 56 (Eintrag vom 16. August 1803). Vgl. Franz Heiduk: Die Brüder Wilhelm und Joseph Freiherren von Eichendorff als Studenten an der Leopoldina in Breslau (1803–1805). In: Aurora 56, 1996, S. 127–132
31 Werke 5, 93 (Eintrag vom 18. August 1804). Vgl. Heiduk: Die Brüder, S. 130 f.
32 HKA V/4, 144
33 Ebenda, S. 68
34 Ebenda, S. 149
35 Werke 5, S. 134
36 Ebenda, S. 138
37 Ebenda, S. 202 (Eintrag vom 26. März 1807)
38 Vgl. HKA I/1, 191 *(Das Zaubernetz)* u. 76 f. *(Wehmuth)*; die Verse

Es waren zwei junge Grafen stammen aus dem Gedicht *Wehmuth*.
39 Ebenda
40 Werke 5, 209
41 HKA V/4, 155
42 Ebenda, S. 161
43 Werke 5, 247
44 Ebenda, S. 249
45 Ebenda, S. 250
46 HKA I/3, 162 *(Wie glüthen Burg und Kreutz im Morgenstrale!)*
47 HKA I/3, 371 *(Das zerbrochene Ringlein)*; Werke 5, 251
48 Ebenda, S. 223 (Eintrag vom 19. Mai 1807)
49 Ebenda, S. 253 (Eintrag vom 4. April 1808)
50 Stutzer 1974, S. 19
51 Ebenda, S. 105
52 Werke 5, 261
53 Ebenda, S. 312 (Eintrag vom 3. Juli 1811)
54 Ebenda, S. 319 (Eintrag vom 3. September 1811)
55 Ebenda, S. 344 (Eintrag vom 26. Februar 1812)
56 Ebenda, S. 341 (Eintrag vom 9. Februar 1812)
57 Ebenda, S. 335 f.
58 Ebenda, S. 344 (Eintrag vom 27. Februar 1812)
59 Ebenda, S. 319 (Eintrag vom 3. September 1811)
60 HKA IX/3, 327
61 HKA I/1, 168
62 Zit. n. Moriz Enzinger: Eichendorff in Wien. In: Aurora 17, 1957, S. 70
63 Werke 5, 325
64 Ebenda, S. 338
65 Zit. n. Werke 2, 615
66 Ebenda
67 Ebenda, S. 625
68 HKA XII, 34
69 HKA I XIII, 67 f. (Brief vom 26. November 1814)
70 HKA XII, 43 (Brief vom 1. Oktober 1814)
71 Zit. n. Siegfried J. Schmidt: Die Selbstorganisation des Sozialsystems Literatur im 18. Jahrhundert. Frankfurt/M. 1989, S. 400
72 HKA III, 135. In Eichendorffs Gedichtsammlung erschien das Gedicht unter dem Titel *Frische Fahrt* (vgl. HKA I/1, 9).
73 Zit. n. Werke 2, 625
74 HKA III, 319
75 Ebenda, S. 324
76 Ebenda, S. 335
77 Ebenda, S. 57 f.
78 Ebenda, S. 335
79 Vgl. Bormann 1968, Hillach 1978
80 Novalis: Das allgemeine Brouillon. In: Schriften. Band 3. Das philosophische Werk II. Hg. von Richard Samuel. Darmstadt 1968, S. 271
81 Zit. n. Werke 2, 696
82 HKA III, 315
83 Ebenda, S. 325
84 Ebenda, S. 330
85 HKA III, 333 f.
86 HKA XII, 44 (Brief vom 1. Oktober 1814)
87 Zit. n. Werke 2, 633
88 So Faber in *Ahnung und Gegenwart* über die Poesie (HKA III, 28)
89 HKA XII, 32 (Brief an Loeben vom 8. April 1814)
90 Ebenda, S. 28 f.
91 Zit. n. Eichendorff-Chronik 1977, S. 65
92 Ebenda, S. 70
93 HKA I XIII, 253 (Brief Wilhelm von Eichendorffs an seine Eltern vom 6. März 1814)
94 Ebenda, S. 28 (Brief vom 8. Juli 1814)
95 HKA I/1, 156
96 Ebenda, S. 34
97 HKA III, 517
98 HKA XII, 33
99 Ebenda, S. 45 (Brief an Fouqué vom 1. Oktober 1814)
100 Ebenda, S. 64 (Brief von Januar/Februar 1816)
101 HKA I/1, 247
102 HKA I/3, 279
103 HKA XII, S. 62 (Brief vom 29. Januar 1816)

104 Ebenda, S. 51 (Brief an Fouqué vom 25. Dezember 1814)
105 Ebenda, S. 56 (Brief vom 28. Januar 1815)
106 Ebenda, S. 66 (März 1816)
107 HKA XII, 56
108 Ebenda, S. 57
109 Ebenda, S. 64
110 Ebenda, S. 61
111 Pörnbacher 1964, S. 15
112 HKA XII, 69 f. (Brief an Carl A. E. Schaeffer vom 18. Juli 1816)
113 HKA¹ XIII, 80
114 Zit. n. Werke 5, 455–510
115 Ebenda, S. 455
116 Ebenda, S. 509
117 Ebenda, S. 479 f.
118 Ebenda
119 Ebenda, S. 479
120 Ebenda
121 Ebenda, S. 486
122 Ebenda, S. 508
123 Ebenda, S. 510
124 Zit. n. Peter-Ulrich Hammer: Einige Bemerkungen zu Joseph von Eichendorffs allgemeiner Probearbeit für das Höhere Examen und deren Beurteilung durch Johann Heinrich Schmedding. In: Joseph von Eichendorff und Westfalen. Ausstellungskatalog. Ratingen 1990, S. 32
125 Zit. nach HKA¹ XIII, 263
126 Eichendorff-Chronik 1977, S. 90 f.
127 Vgl. HKA¹ XII, 260
128 Pörnbacher 1964, S. 22
129 HKA¹ XII, 261 (Anm. 4)
130 HKA¹ XIII, 265 (Anm. 35)
131 Ebenda
132 Dietmar Stutzer: Das Eichendorff-Gut Sedlnitz in Mähren. In: Aurora 34, 1974, S. 43
133 HKA XII, 91 (Brief an Ludwig Ruhl vom 9. Januar 1822)
134 HKA¹ XIII, 89 (Brief vom 2. September 1824)
135 Ebenda, S. 267 (Brief vom 7. April 1823)
136 Zit. n. Eichendorff-Chronik 1977, S. 100
137 Zu Hitzig vgl. HKA XVIII / 3, 1457 f.
138 Texte in HKA VI / 1
139 Aus den Papieren des Ministers und Burggrafen von Marienburg Theodor von Schön. II. Teil. 3. Band. Berlin 1876, S. 257
140 Vgl. HKA I / 1, 95
141 HKA VI / 1, 515
142 HKA I / 1, 172
143 Vgl. Hartmut Boockmann: Eichendorff und die Marienburg. In: Aurora 49, 1989, S. 111–133
144 Friedrich A. Kittler: Aufschreibsysteme 1800 / 1900. 2., erw. u. korr. Aufl. München 1987, S. 109; vgl. auch Frühwald 1979, S. 37–76
145 Kittler: Aufschreibsysteme, S. 109
146 HKA I / 1, 92 f.
147 Reinhart Koselleck: Preußen zwischen Reform und Revolution. Allgemeines Landrecht, Verwaltung und soziale Bewegung von 1791 bis 1848. Stuttgart 1967, S. 370
148 Vgl. Pörnbacher 1964, S. 30; Eichendorff-Chronik 1977, S. 117
149 HKA XII, 107 f.
150 Ebenda, S. 223 (Brief an Altenstein vom 16. Juli 1831)
151 Vgl. Hermann von Eichendorff: Joseph von Eichendorff. Sein Leben und seine Schriften. 3. Aufl., neu bearbeitet von Karl von Eichendorff und Wilhelm Kosch. Leipzig 1923, S. 115
152 Vgl. HKA¹ XIII, 95 f.
153 HKA XII, 177 f. (Brief vom 8. 12. 1840)
154 HKA I / 1, 271
155 HKA VIII / 1, 63
156 Zit. n. Lothar Dittmer: Beamtenkonservatismus und Modernisierung. Untersuchungen zur Vorgeschichte der Konservativen Partei in Preußen 1810–1848/49. Stuttgart 1992, S. 260
157 Vgl. ebenda, S. 120
158 Zit. n. Koselleck: Preußen zwi-

schen Reform und Revolution,
S. 421
159 Werke 5, 1143
160 Zit. n. Dittmer: Beamtenkonservatismus, S. 119, Anm. 261
161 Ebenda, S. 126
162 HKA XII, 125 f. (Brief vom
16. Oktober 1832)
163 Koselleck: Preußen zwischen
Reform und Revolution, S. 415
164 Werke 5, 511 f.
165 Ebenda, S. 524 u. 550
166 Ebenda, S. 558
167 Koselleck: Preußen zwischen
Reform und Revolution, S. 422
168 Dittmer: Beamtenkonservatismus, S. 159
169 Zu Datierungsfragen
Polheim/Polheim 1989, Bd. 2
170 HKA XII, 68 (Brief vom 15. Juni
1816)
171 Ebenda, S. 76
172 HKA¹ XIII, 79 (Brief vom
31. Dezember 1817)
173 Werke 2, 431
174 Ebenda, S. 386
175 Ebenda, S. 396 f.
176 Ebenda, S. 400
177 Ebenda, S. 400 f.
178 Ebenda, S. 426
179 Ebenda, S. 419
180 Ebenda, S. 426
181 Ebenda, S. 428
182 HKA XVIII/1, 496
183 Vgl. Kunisch 1985
184 Vgl. Polheim/Polheim 1989,
Bd. 2, S. 111 f.
185 Werke 2, 561
186 Ebenda, S. 491
187 Ebenda, S. 452
188 Ebenda, S. 462
189 Ebenda, S. 541
190 Ebenda, S. 446
191 Ebenda, S. 487
192 Ebenda, S. 448
193 Ebenda, S. 466
194 Vgl. Mühlher 1990; ferner
Köhnke 1986, S. 72–104
195 Werke 2, 460
196 Ebenda, S. 464
197 Ebenda, S. 560

198 Werke 3, 329; ausführlicher
Korte 1987, S. 87–121
199 Werke 3, 110
200 Ebenda, S. 341
201 Ebenda, S. 352
202 HKA XII, 129 (Brief an Theodor
von Schön, 12. April 1833)
203 Werke 3, 186
204 Werke 2, 682
205 Werke 3, 116
206 Ebenda, S. 266
207 Vgl. Werke 3, 612 ff.
208 Dietmar Köhler: Wiederholung
und Variation. Zu einem Grundphä-
nomen der Eichendorffschen Erzählkunst. In: Aurora 27, 1967, S. 32
209 Werke 3, 187–199
210 Ebenda, S. 281
211 Vgl. Reinhart Meyer: Novelle
und Journal. Untersuchungen zur
Terminologie der Journalprosa, zu
ihren Tendenzen, Verhältnissen,
und Bedingungen. Band 1. Stuttgart
1987, S. 38 f.
212 Sibylle von Steinsdorff: «… Wie-
wohl ich gestehe, daß ich gegenwärtig keinen sehr großen Erfolg
davon erwarte». Eichendorff und
seine Verleger. In: Aurora 41, 1981,
S. 49
213 Vgl. Sibylle von Steinsdorff:
«Das Gantze noch einmal umarbei-
ten!» Notizen Eichendorffs zur ge-
planten Umarbeitung seiner Novelle «Eine Meerfahrt». In: Aurora 44,
1984, S. 71–78
214 Werke 3, 400 ff.
215 Ebenda, S. 461
216 Ebenda, S. 456
217 Ebenda, S. 449
218 Ebenda, S. 446
219 Köhnke 1986, S. 146
220 Werke 3, 460
221 Ebenda, S. 439
222 Ebenda, S. 506 f.
223 Ebenda, S. 558
224 Vgl. Kunisch 1985, S. 67 ff.
225 HKA I/2, 11
226 Für den 1. Band der Gesamtausgabe (1841) wurden die *Gedichte*
von 1837 in wenigen Punkten ver-

ändert und um neue Gedichte vermehrt; diese Ausgabe wurde 1843 als 2., 1850 als 3. und 1856 als 4. Auflage herausgebracht und blieb für die meisten Werkausgaben die maßgebliche Textgrundlage.

227 Vgl. die chronologische Anlage der Gedichte im Bd. 1 der von Frühwald u. a. herausgegebenen Werkausgabe (1, 11–472)

228 HKA I/1, 121

229 Novalis: Werke, Tagebücher und Briefe. Hg. von Hans-Joachim Mähl, Richard Samuel. Band I. München, Wien 1978, S. 395

230 Adorno 1958, S. 125

231 Lämmert 1968, S. 360

232 Ebenda, S. 375

233 Irmgard Scheitler: «... Aber den lieben Eichendorff hatten wir gesungen». Beobachtungen zur musikalischen Rezeption von Eichendorffs Lyrik. In: Aurora 44, 1984, S. 106; ferner Busse 1975

234 Busse 1975, S. 9

235 HKA I/1, 327

236 Ebenda, S. 37

237 Vgl. Mog 1975; der Begriff der «Gemüterregungskunst» stammt von Novalis: «Poesie = Gemüterregungskunst» (Novalis: Werke; Tagebücher und Briefe, Bd. 2, S. 801).

238 HKA VIII/2, 173

239 HKA I/1, 111

240 Vgl. Steinsdorf/Grunewald, S. 192; ferner Sibylle von Steinsdorf: Die Altersporträts Joseph von Eichendorffs. In: apropos Eichendorff. Kleine Beiträge zur klassisch-romantischen Zeit. Heft 4, Ratingen-Hösel 1998; Ernst Schreyer: Die Eichendorff-Porträts von Franz Kugler. Zur Problematik der Eichendorffdarstellungen. In: Aurora 35, 1975, S. 58–72

241 HKA I/1, 68; 92; 69; 108

242 Vgl. Werke 2, 565–592 (Kommentarteil); Frühwald 1976, S. 7–26

243 Werke 4, 39; vgl. Korte 1987, S. 70 ff.; Ries 1997, S. 127 ff.

244 Werke 4, 31

245 Ebenda, S. 71

246 Ebenda, S. 74

247 Ebenda, S. 29

248 Ebenda, S. 34

249 Vgl. ebenda, S. 129 ff.

250 Ebenda, S. 191

251 Werke 3, 76

252 Ebenda, S. 82

253 Ebenda, S. 20

254 Ebenda, S. 70

255 Eichendorffs Handschrift trägt keinen Titel (vgl. Werke 3, 661); er stammt offenbar von Hermann von Eichendorff.

256 Werke 3, 85 f.

257 Ebenda, S. 563

258 Ebenda, S. 561

259 Ebenda, S. 562

260 Ebenda, S. 564

261 Ebenda, S. 595

262 Zit. n. Werke 1, 443; Handschriften-Fassung in HKA I/3, 230; vgl. auch den Kommentar in HKA I/4, 415 ff.

263 Eichendorff-Chronik 1977, S. 192

264 So heißt es in *Ahnung und Gegenwart* über *Kampe's Kinderbibliothek* (HKA III, 54).

265 Vgl. Hans-Egon Hass: Eichendorff als Literarhistoriker. In: Jahrbuch für Ästhetik und allgemeine Literaturwissenschaft 2, 1952/54, S. 103–177

266 Zit. n. Eichendorff-Chronik 1977, S. 201

267 HKA XVIII/3, 1392

268 HKA XII, 295

269 HKA XII, 286 (Brief vom 15. August 1852)

270 Vgl. HKA XVIII/2, 687

271 So der Maler und Zeichner Ludwig Pietsch in seinen Erinnerungen aus dem Jahre 1910 (zit. n. HKA XVIII/2, 557); zu Pietsch vgl. auch HKA XVIII/3, 1682

272 Theodor Storm: Briefe. Hg. von Peter Goldammer. 2. Aufl.

Berlin / Weimar 1984,
S. 229

273 HKA XII, 335 (Brief an Schön
vom 21. Juli 1854)
274 Ebenda, S. 246
275 Nach Eichendorff-Chronik 1977,
S. 214
276 HKA XII, 327
277 Ebenda, S. 260
278 Ebenda, S. 289 (Brief vom
16. November 1852)
279 Ebenda, S. 274
280 HKA I / 3, 9; vgl. HKA I / 4, 33 ff.
281 HKA XII, 220 (Brief an Lebrecht
Dreves vom 28. März 1848)
282 Hermann von Eichendorff:
Joseph von Eichendorff, S. 181
283 HKA XII, 222 (Brief an Dreves)
284 Ebenda, S. 231 (Brief vom
25. Januar 1849)
285 Vgl. HKA I / 3, 7 – 12
286 Steinsdorff / Grunewald, S. 23
287 HKA I / 3, 8 *(Kein Pardon)*. Auch
die folgenden Gedichtzitate ent-
stammen dem Zyklus *1848* (vgl.
ebenda, S. 7 – 12).

288 Ebenda, S. 12
289 Ebenda
290 HKA XII, 244 (Brief an Schön
vom 1. August 1849); vgl. Ursula
Regener: «Aus Europa heraus-
spedirt». Wenn ein Taugenichts
zum Auswanderer wird. In: Aurora
52, 1992, S. 71 – 84
291 HKA I / 3, 18 *(Ein Auswanderer)*
292 HKA XII, 214 (Brief an Hermann
Kletke im Juli 1847)
293 Bormann 1985, S. 71
294 HKA VIII / 2, 6
295 HKA VIII / 1, 5
296 Ebenda, S. 5 f.
297 Alle autobiographischen Fragmente und Entwürfe in HKA VI / 4
298 Kunisch 1985, S. 63 f.
299 HKA VI / 4, 80
300 HKA XII, 394 (Brief an Schön
vom 25. Februar 1856)
301 Ebenda, S. 353 (Brief vom
14. März 1855)
302 Ebenda, S. 391 (Brief vom
10. Januar 1856)
303 HKA XVIII / 2, 807

1788 10. März: Joseph Karl Benedikt Freiherr von Eichendorff in Lubowitz geboren.

1793 Hofmeistererziehung auf Schloss Lubowitz durch den katholischen Geistlichen Bernhard Heinke.

1798 Beginn der Tagebuchaufzeichnungen, die (lückenhaft) bis 1815 überliefert sind.

1801 5. Oktober: Zusammen mit seinem Bruder Wilhelm Schulbesuch in Breslau (Katholisches Gymnasium) und Wohnung im St.-Josephs-Konvikt.

1803 August: Abschluss der Gymnasialzeit und Beginn propädeutischer Studien an der Philosophischen Fakultät der Universität Breslau bis März 1805.

1805 Die Brüder Eichendorff studieren Jura in Halle; außerdem Vorlesungen bei dem Anatomieprofessor Gall, dem Naturphilosophen Henrik Steffens und dem Philologen Wolf; Herbstreise über den Harz nach Hamburg und Lübeck.

1806 Napoleons Sieg über Preußen bei Jena und Auerstedt; Schließung der Universität Halle durch Napoleon.

1807 Fortsetzung des Jurastudiums in Heidelberg; Bekanntschaft mit Görres; Aufnahme in Graf von Loebens «Eleusischen Bund» als «Florens» (zugleich Pseudonym Eichendorffs in den ersten Veröffentlichungen).

1808 Ende der Heidelberger Studienzeit und Rückkehr nach Lubowitz.

1809 Verlobung mit Luise von Larisch (geb. 1792).

1810 November: Fortsetzung des Jurastudiums in Wien.

1811 Arbeit am Roman *Ahnung und Gegenwart*; Bekanntschaft mit Friedrich und Dorothea Schlegel sowie Adam Müller.

1812 Februar: Juristisches Staatsexamen; Herbst: Dorothea Schlegel korrigiert das Manuskript von *Ahnung und Gegenwart*.

1813 5. April: Aufbruch nach Breslau, um sich dem Lützow'schen Freikorps anzuschließen, wegen Geldmangel als Jäger zu Fuß; ab Oktober Offizier der preußischen Landwehr.

1814 Rückkehr nach Lubowitz; vergebliche Bemühungen um Anstellung im preußischen Staatsdienst.

1815 7. April: Heirat mit Luise von Larisch; 22. April: Teilnahme am Frankreichfeldzug; 30. August: Geburt des Sohnes Hermann; *Ahnung und Gegenwart*.

1816 Rückkehr aus Frankreich; ab Juni in Breslau Vorbereitung auf das im Dezember beginnende juristische Referendariat.

1817 *Das Marmorbild*; Geburt der Tochter Therese (gest. 1884).

1818 Tod des Vaters; Zulassung zum 2. Staatsexamen.

1819 Nach erfolgreichem Examen Assessor bei der Königlichen Regierung zu Breslau; Geburt des Sohnes Rudolf (gest. 1891).

1821 Regierungsrat in Danzig beim Oberpräsidium der Provinz Westpreußen (Oberpräsident: Theodor von Schön).

1822 Tod der Mutter.

1823 *Krieg den Philistern*; 23. November: Zwangsversteigerung von Lubowitz.

1824 Umzug nach Königsberg; Ost- und Westpreußen wird zu einer Provinz vereinigt (Oberpräsident: Theodor von Schön); Oktober: Gründung der Berliner Mittwochsgesellschaft, deren (bis 1831: auswärtiges) Mitglied Eichendorff wird.

1826 *Aus dem Leben eines Taugenichts*.

1828 *Meierbeth's Glück und Ende; Ezelin von Romano.*

1830 *Der letzte Held von Marienburg.*

1831 Nach intensiven Bemühungen um eine Anstellung in Berlin Beurlaubung beim Königsberger Oberpräsidium auf unbestimmte Zeit; ab Oktober kommissarische Tätigkeit als Hilfsdezernent bei verschiedenen Ministerien.

1832 *Viel Lärmen um Nichts*; Entstehung der aus dem Nachlass veröffentlichten Satire *Auch ich war in Arkadien.*

1833 *Die Freier.*

1834 *Dichter und ihre Gesellen.*

1836 *Das Schloß Dürande.*

1837 *Gedichte.*

1838 *Die Entführung.*

1840 Regierungsantritt Friedrich Wilhelms IV.; Hoffnungen Eichendorffs auf einen politischen Wandel erfüllen sich nicht; *Die Glücksritter.*

1841 Ernennung zum Geheimen Regierungsrat; der erste Band der vierbändigen Gesamtausgabe erscheint.

1843 Beurlaubung mit dem Auftrag zu einer Geschichte der Wiederherstellung der Marienburg (erscheint 1844); Wohnsitz in Danzig; erster Pensionierungsantrag.

1844 1. Juli: Versetzung in den Ruhestand.

1845 Reise nach Wien; auf dem Familiengut Sedlnitz letztes Zusammentreffen mit dem Bruder Wilhelm.

1846 Mitarbeit an den «Historisch-politischen Blättern» *(Zur Geschichte der neuern romantischen Poesie in Deutschland)*; erster Band der Calderón-Übersetzungen (Dramen).

1847 Wien-Aufenthalt mit Feiern und Ehrungen für Eichendorff; Übersiedlung nach Berlin.

1848 März-Revolution in Berlin; vorübergehender Aufenthalt in Köthen und Dresden; Entstehung des (unveröffentlichten) Gedichtzyklus *1848* und der Prosasatire *Libertas und ihre Freier.*

1849 7. Januar: Tod des Bruders Wilhelm; September: Rückkehr nach Berlin.

1851 *Der deutsche Roman des 18. Jahrhunderts in seinem Verhältnis zum Christentum.*

1853 *Julian*; zweiter Band der Calderón-Übersetzungen.

1854 *Zur Geschichte des Dramas.*

1855 Übersiedlung nach Neisse; 3. Dezember: Tod Luise von Eichendorffs; *Robert und Guiscard.*

1856 *Geschichte der poetischen Literatur Deutschlands.*

1857 *Lucius*; 26. November: Eichendorff stirbt in Neisse; 30. November: Beisetzung auf dem Neisser Friedhof St. Jerusalem.

ZEUGNISSE

Heinrich Heine

In der Tat, welch ein vortrefflicher Dichter ist der Freiherr von Eichendorff; die Lieder, die er seinem Roman «Ahnung und Gegenwart» eingewebt hat, lassen sich von den Uhlandschen gar nicht unterscheiden, und zwar von den besten derselben. Der Unterschied besteht vielleicht nur in der grüneren Waldesfrische und der kristallhafteren Wahrheit der Eichendorffschen Gedichte.
Die romantische Schule, 1836

Otto von Leixner

Die Macht, die zuerst bestimmend auf Eichendorffs Phantasie gewirkt hat, war die Natur. [...] Das Hauptmerkmal seiner Lyrik – auf dieser beruht hauptsächlich sein Dichterruhm – ist inhaltlich das feingefühlte, mit der Stimmung der Menschenbrust verbundene Naturleben, und in Hinsicht auf die Form die Musik der Sprache. [...] Seine Gedichte sind auf lyrischem Gebiete der Gipfel der Romantik.
Geschichte der Deutschen Litteratur, 6. Aufl. 1903

Hugo von Hofmannsthal

Zugleich aber geschah es, daß das deutsche Gesamtwesen, das nur durch viele einzelne sich offenbaren kann, in jedem von diesen Erzählern eine Seite mit besonderer Kraft heraustrieb: in Goethe ein großes, frommes Anschauen des menschlichen Daseins [...]. In Eichendorff wieder das Beglänzte, Traumüberhangene, das Schweifende, mit Lust Unmündige im deutschen Wesen, worin etwas Bezauberndes ist, das aber ein Maß in sich haben muß, sonst wird es leer und abstoßend.
Deutsche Erzähler, 1912

Wilhelm Kosch

Eichendorff ist nicht nur der populärste, sondern auch der deutscheste der deutschen Dichter. In ihm spiegelt sich der alte Geist des deutschen Volkes am reinsten wider; deutsches Glauben, Hoffen und Lieben, das deutsche Gemüt, der aufrechte deutsche Mannesstolz, die innige deutsche Naturfreude, Kindlichkeit, Sehnsucht.
Vorwort zum ersten Band der HKA (Gedichte), 1923

Marie Luise Kaschnitz

Viele der Dichtung Eichendorffs wesentlichen Züge, viele ihrer Bilder und Klänge, ihrer Empfindungen und Träume können ihren Ursprung nur in der Kinderzeit des Dichters gehabt haben. Erst die Erinnerung hat sie aus dem tiefen Brunnen der Vergangenheit hervorgehoben, erst die Sehnsucht hat sie wieder zum Leben erweckt.
Florens. Eichendorffs Jugend, 1944

Theodor W. Adorno

Die Erfahrung des modernen Elements in Eichendorff, das heute wohl erst offen liegt, führt am ehesten ins Zentrum des dichterischen Gehalts. Es ist wahrhaft antikonservativ: Absage ans Herrschaftliche, an die Herrschaft zumal des eigenen Ichs über die Seele. [...]
Stand am Anfang der deutschen Romantik die spekulative Identitätsphilosophie, in der das Gegenständliche Geist ist und der Geist Natur, dann verleiht Eichendorff den bereits verdinglichten Dingen im Einstand noch einmal die Kraft des Bedeutens, des über sich Hinausweisenden. Dieser Augenblick des Aufblitzens einer gleichsam noch in sich erzitternden Dingwelt erklärt wohl in einigem Maß das Unverwelkliche am Welken bei Eichendorff. [...] Keines der Eichendorffschen Bilder ist nur das, was es ist, und keines läßt sich doch

auf seinen Begriff bringen: dies Schweben allegorischer Momente ist sein dichterisches Medium.
Zum Gedächtnis Eichendorffs, 1957

Wilhelm Emrich
Die Eichendorffverehrung unserer Zeit beruht zumeist auf einer fatalen Selbsttäuschung. [...] Sich wiegend im Glauben, seine Dichtung unmittelbar verstehen oder nachempfinden zu können, nimmt man Bilder für Wirklichkeit, Symbole für das Gemeinte, Themen für den Sinn selbst, ohne den Verwandlungsprozeß ernst zu nehmen, der in jeder dichterischen Schöpfung sich abspielt und alle Bilder und Themen zu stellvertretenden Gleichnissen umformt. Wald, Heimat, Mondschein, Wandern, die schöne alte Zeit werden zu Bildern und Zeichen in einem lyrischen Verzauberungsprozeß, in dem nichts mehr sich selber bedeutet, in dem alles auf etwas anderes verweist, das nicht mehr in den gewohnten Anschauungs- und Denkformen formuliert werden kann. [...] Die Kühnheit seiner Dichtung besteht jedoch nicht nur darin, daß sich bei ihm Poesie als geheimnisvoll lockende, ja verwirrende Verzauberung abhebt vom philiströs-bürgerlichen Wandel, sondern daß die aufgeklärt bürgerliche Welt selbst von ihm als eine Welt durchschaut wurde, die sich nicht mehr versteht, die in sich selbst verrätselt ist und gleichsam einem bösen Zauber zerfiel.
Dichtung und Gesellschaft bei Eichendorff, 1958

Paul Stöcklein
Es gehört zu den Enttäuschungen, welche die Biographen ihren Lesern bereiten müssen, daß Eichendorff, sieht man von Schul- und Studienjahren und wenigen Bergtouren ab,

weder gesungen noch musiziert noch Wanderungen gemacht, noch überhaupt genußreich abwechslungsvolle Ferienreisen unternommen, dafür aber den *Taugenichts* geschrieben hat.
Joseph von Eichendorff, 1963

Autorenkollektiv
Daß Eichendorffs Geschichts- und Gesellschaftsbild gründlich reaktionär ist, bedarf heute keines Nachweises mehr. Seine politischen Ideale sind patriarchalisch-junkerlich.
Erläuterungen zur deutschen Literatur. Romantik, 1967

Helmut Koopmann
Eichendorffs Dichtung ist [...] so etwas wie poetischer Existentialismus, und Eichendorff gehört in die Reihe derer, die hinter der Vordergründigkeit des Wirklichen elementare Lebenssituationen gesehen haben; deren Darstellung durchzieht wie ein roter Faden sein dichterisches Werk. Es sind nie die glanzvollen Begebenheiten allein, die poetisch hochfahrenden Träume, die Idealmöglichkeiten, die er beschreibt: immer ist jener andere Bereich der Gefährdung, der Entgleisung, der Verführung, des Unglücks, der Vergänglichkeit, ja auch des Weltekels eingeblendet. [...] Wäre Eichendorff der fromme Christ gewesen, als der er manchmal scheinen mag, so wäre jene andere Zone des Phantastisch-Fürchterlichen nicht so breit und nicht so bedrohlich.
Joseph von Eichendorff, 1983

Wolfgang Nehring
Es ist die Kunst Eichendorffs, die Phantasie des Lesers in dauernder Bewegung zu halten, die sein Werk so lebendig macht.
Spätromantiker. Eichendorff und E. T. A. Hoffmann, 1997

BIBLIOGRAPHIE

Ein wichtiges bibliographisches Hilfsmittel ist die periodische Bibliographie des Eichendorff-Jahrbuchs «Aurora».

1. Ausgaben

1.1 Historisch-Kritische Ausgabe
Sämtliche Werke des Freiherrn Joseph von Eichendorff. Historisch-kritische Ausgabe. Begründet von Wilhelm Kosch und August Sauer. Regensburg 1908 ff., fortgesetzt und hg. von Hermann Kunisch [1962 ff.] und Helmut Koopmann [1978]. Regensburg 1970 ff.; Stuttgart, Berlin, Köln, Mainz 1975 ff.; Tübingen 1996 ff.

1.2 Gesamtausgaben und Gesammelte Werke
Sämmtliche Werke. Hg. von Hermann von Eichendorff. 6 Bde. Leipzig 1864
Neue Gesamtausgabe der Werke und Schriften in vier Bänden. Hg. von Gerhart Baumann in Verbindung mit Siegfried Grosse. Stuttgart 1957 f.
Werke: Nach den Ausgaben letzter Hand unter Hinzuziehung der Erstdrucke. Hg. von Jost Perfahl, Ansgar Hillach u. a. 5 Bde. München 1970 ff.
Werke in sechs Bänden. Hg. von Wolfgang Frühwald, Brigitte Schillbach und Hartwig Schultz. Frankfurt a. M. 1987 ff.

2. Bibliographien und Forschungsberichte

Aurora. Jahrbuch der Eichendorff-Gesellschaft. Würzburg 1970 ff. (Jährliche Eichendorff-Bibliographie)
Eichendorff, Karl von: Ein Jahrhundert Eichendorff-Literatur. Regensburg 1927
Goebel, Robert O.: Eichendorff's Scholary Reception. A Survey. Columbia 1993
Krabiel, Klaus-Dieter: Joseph von Eichendorff. Kommentierte Studienbibliographie. Frankfurt a. M. 1971

3. Kommentare, Nachschlagewerke und Ausstellungskataloge

Frühwald, Wolfgang: Eichendorff-Chronik. Daten zu Leben und Werk. München 1977
Frühwald, Wolfgang; Heiduk, Franz: Joseph von Eichendorff. Leben und Werk in Texten und Bildern. Frankfurt a. M. 1988
Hillach, Ansgar; Krabiel, Klaus-Dieter: Eichendorff-Kommentar. 2 Bde. München 1971 f.
Joseph Freiherr von Eichendorff (1788–1857). Leben, Werk, Wirkung. Eine Ausstellung der Stiftung Haus Oberschlesien und des Landschaftsverbands Rheinland u. a. Köln / Dülmen 1983
Joseph von Eichendorff. Handschriften und Dokumente im Besitz der Eichendorff-Gesellschaft, Ratingen-Hösel, bearbeitet von Detlef Haberland. Trier 1992 (Ausstellungskatalog)
Steinsdorff, Sibylle v.; Grunewald, Eckhard (Hg.): «Ich bin mit der Revolution geboren». Joseph von Eichendorff. 1788–1857. Ratingen 1988

4. Forschungsliteratur

Adorno, Theodor W.: Zum Gedächtnis Eichendorffs. In: Th. W. A.: Noten zur Literatur I. Frankfurt a. M. 1958, S. 105–145
Ansichten zu Eichendorff. Beiträge

der Forschung 1958–1988. Hg. von Alfred Riemen. Sigmaringen 1988

Bormann, Alexander von: Natura loquitur. Naturpoesie und emblematische Formel bei Joseph von Eichendorff. Tübingen 1968

–: Philister und Taugenichts. Zur Tragweite des romantischen Antikapitalismus. In: Aurora 30/31, 1970/71, S. 94–112

–: Kritik der Restauration in Eichendorffs Versepen. In: Eichendorff und die Spätromantik, S. 69–90

Busse, Eckart: Die Eichendorff-Rezeption im Kunstlied. Versuch einer Typologie anhand von Kompositionen Schumanns, Wolfs und Pfitzners. Würzburg 1975

Eichendorff und die Spätromantik. Hg. von Hans-Georg Pott. Paderborn, München, Zürich, Wien 1985

Eichendorff heute. Stimmen der Forschung. Hg. von Paul Stöcklein. 2., erg. Aufl. Darmstadt 1966

Eichendorffs Modernität. Hg. von Michael Kessler, Helmut Koopmann. Tübingen 1989

Frühwald, Wolfgang: Der Philister als Dilettant. Zu den satirischen Texten Joseph von Eichendorffs. In: Aurora 36, 1976, S. 7–26

–: Der Regierungsrat Joseph von Eichendorff. In: Internationales Archiv für Sozialgeschichte der deutschen Literatur 4, 1979, S. 37–67

Hillach, Ansgar: Eichendorffs romantische Emblematik als poetologisches Modell und geschichtlicher Entwurf. In: Sibylle Penkert (Hg.): Emblem und Emblematik. Darmstadt 1978, S. 414–435

Hollender, Martin: Die politische und ideologische Vereinnahmung Joseph von Eichendorffs. Einhundert Jahre Rezeptionsgeschichte in der Publizistik (1888–1988). Frankfurt a. M. 1997

Köhnke, Klaus: «Hieroglyphenschrift». Untersuchungen zu Eichendorffs Erzählungen. Sigmaringen 1986

Korte, Hermann: Das Ende der Morgenröte. Eichendorffs bürgerliche Welt. Frankfurt a. M. 1987

–: «Taugenichtslektüren». Eichendorff im literarischen Kanon. In: Internationales Jahrbuch für Sozialgeschichte der deutschen Literatur, 24, 1999, Bd. 2, S. 17–70

Kunisch, Dieter: Joseph von Eichendorff. Fragmentarische Autobiographie. Ein formtheoretischer Versuch. München 1985

Lämmert, Eberhard: Eichendorffs Wandel unter den Deutschen. Überlegungen zur Wirkungsgeschichte seiner Dichtung. In: Hans Steffen (Hg.): Die deutsche Romantik. Poetik, Formen und Motive. 3. Aufl. Göttingen 1978, S. 219–252

Mog, Paul: Aspekte der ‹Gemüterregungskunst› Joseph von Eichendorffs. Zur Appellstruktur und Appellsubstanz affektiver Texte: In: Gunter Grimm (Hg.): Literatur und Leser. Theorien und Modelle zur Rezeption literarischer Werke. Stuttgart 1975, S. 196–207

Mühlher, Robert: Lebendige Allegorie. Studien zu Eichendorffs Leben und Werk. Sigmaringen 1990

Nehring, Wolfgang: Spätromantiker. Eichendorff und E. T. A. Hoffmann. Göttingen 1997

Nienhaus, Stefan: Eichendorffs Wiederholungsstil. Eine Untersuchung des Erzählwerks. Münster 1991

Pörnbacher, Hans: Joseph Freiherr von Eichendorff als Beamter. Dargestellt auf Grund bisher unbekannter Akten. Dortmund 1964

Polheim, Karl, und Polheim, Karl Konrad: Text und Textgeschichte des «Taugenichts». Eichendorffs Novelle von der Entstehung bis zum Ende der Schutzfrist. 2 Bde. Tübingen 1989

Purver, Judith: «Der deutscheste der deutschen Dichter»: Aspects of Eichendorff Reception 1918–1945. In: German Life and Letters 42, 1989, S. 296–311

Ries, Franz Xaver: Zeitkritik bei Joseph von Eichendorff. Berlin 1997

Schwarz, Egon: Joseph von Eichendorff. New York 1972

Seidlin, Oskar: Versuche über Eichendorff. Göttingen 1965

Stöcklein, Paul: Joseph von Eichendorff in Selbstzeugnissen und Bilddokumenten. Reinbek bei Hamburg 1963

Stutzer, Dietmar: Die Güter der Herren von Eichendorff in Oberschlesien und Mähren. Würzburg 1974

Über den Autor

Hermann Korte, geboren 1949, Studium an den Universitäten Münster und Bochum; Promotion 1979; Habilitation 1996; Schulleiter des Leibniz-Gymnasiums Gelsenkirchen; Redakteur der Zeitschrift «Text + Kritik»; zahlreiche Buch- und Zeitschriftenveröffentlichungen, u. a. in rowohlts monographien «Die Dadaisten» (rm 536).

Dank

Besonderer Dank gilt Dr. Detlev Haberland, Ratingen, Forschungsstelle der Eichendorff-Gesellschaft, für Gespräche, Anregungen und Hilfen. Herzlich danken möchte ich Herrn Wolfgang Thoeben (Münster) für seine Hilfe bei der Literaturbeschaffung und Herrn Dr. Ingo Stöckmann (Universität Bochum) für die Durchsicht der Schlusskorrekturen.

QUELLENNACHWEIS DER ABBILDUNGEN

rowohlts monographien
Begründet von Kurt Kusen-
berg, herausgegeben von
Wolfgang Müller und Uwe
Naumann.

Ingeborg Bachmann
dargestellt von Hans Höller
(50545)

Thomas Bernhard
dargestellt von Hans Höller
(50504)

Paul Celan
dargestellt von Wolfgang
Emmerich
(50397)

Agatha Christie
dargestellt von
Monika Gripenberg
(50493)

Johann Wolfgang von Goethe
dargestellt von Peter Boerner
(50577)

Carlo Goldoni
dargestellt von
Hartmut Scheible
(50462)

Franz Kafka
dargestellt von
Klaus Wagenbach
(50091)

Jack London
dargestellt von Thomas Ayck
(50244)

Die Familie Mann
dargestellt von
Hans Wißkirchen
(50630)

Nelly Sachs
dargestellt von
Gabriele Fritsch-Vivié
(50496)

Paul Celan
Wolfgang Emmerich

William Shakespeare
dargestellt von Alan Posener
(50641 / Neuausgabe ab
März 2001)

Theodor Storm
dargestellt von
Hartmut Vinçon
(50186)

Italo Svevo
dargestellt von
François Bondy und
Ragni Maria Gschwend
(50459)

Jules Verne
dargestellt von Volker Dehs
(50358)

Oscar Wilde
dargestellt von Peter Funke
(50148)

Stefan Zweig
dargestellt von
Hartmut Müller
(50413)

Weitere Informationen in der
Rowohlt Revue, kostenlos im
Buchhandel, und im **Internet:**
www.rororo.de